W0331786

gelungen, wenn ...

h wohlfühlt und sich auch
Partner überrascht hat.
cht folgt. ...Erotik freige-
aran zurückdenkt. ...man
ng den anderen übertrifft.
häre zu spüren ist. ...sich
eide glücklich und zufrie-
sondere Nacht darauf folgt.

ERIKA SEIDL

Vergnügen in der Küche

KOCHREZEPTE FÜR DIE LIEBE

Gewidmet all jenen, die den Genuss lieben.

Danke

Lieben Dank an die Models Sylvia & Engelbert, Erika, Edeltraud & Andreas, Gerlinde, Natascha & Jan, Doris, Denise & Harald, Julia & Michael sowie Manfred für die professionelle Mitarbeit.
Herzlichen Dank an Bernd, in dessen Haus ich fotografieren durfte.
Ein Dankeschön an alle, die bei der Umfrage mitgemacht haben.

Impressum

1. Auflage 2008

Eigenverlag Erika Seidl, 8200 Ludersdorf

Gesamtkonzept/Foodstyling/Fotografie: Erika Seidl
Textgestaltung/Layoutentwurf: Natascha Seidl, Bakk. phil.
Fachbeitrag: Mag. (FH) Doris Hiller, freiberufliche Diaetologin, Graz
Lektorat: Mag. Maria Ankowitsch
Druck: Universitätsdruckerei Klampfer GmbH, Weiz

ISBN: 978-3-9500888-3-0

Vorwort

Genuss ist stille Erotik

Haben Sie auch geheime Wünsche, die Sie sich schon immer einmal erfüllen wollten? Mein geheimer Wunsch war lange Zeit, dieses Buch zu schreiben. Ich verspürte die unbändige Lust, mehr über das Zusammenspiel von Liebe und Essen zu erfahren. Als Genussmensch gibt es für mich nichts Beglückenderes, als partnerschaftlich und kulinarisch Harmonie zu leben. Ich nenne Essen deshalb gerne „den Genuss der stillen Erotik". Vielleicht, nein sicherlich musste ich innerlich reifen, um meine Erfahrungen in diesem Buch weitergeben zu können.

Neben der intensiven Auseinandersetzung mit aphrodisierenden Lebensmitteln und deren Verwendung befragte ich auch Personen unterschiedlicher Altersgruppen zum Thema „Kochen für die Liebe". Anfangs war ich bei diesen Recherchen sehr erstaunt, wie groß das Interesse bei Männern und Frauen gleichermaßen ist. Leichte Verwunderung wechselte sich ab mit einem Schmunzeln. Mir wurde schnell bewusst: Das ist ein heißes Thema, dem wohl eine geheimnisvolle Aura anhaftet. Da das Wissen und das Kochen mit Liebe förderlichen Lebensmitteln noch wenig bis gar nicht bekannt und scheinbar auch in Vergessenheit geraten ist, möchte ich Ihnen in diesem Buch einige lukullische Geheimnisse verraten.

Das Stichwort zu mehr Ekstase heißt Aphrodisiakum – ein Wort, dessen Entschlüsselung im Grunde nicht schwerfällt. Denn erotischer Genuss hat viel mit gesunder und vernünftiger Ernährung zu tun. Sich gut und wohl zu fühlen, ist eine wichtige Voraussetzung, um in die erwünschte emotionale (Lust-)Stimmung zu kommen. Man könnte auch einfach sagen: Mit einem gesunden, vitalen Körper liebt es sich besser! Glauben Sie mir, Vergnügen in der Küche ist besser als jedes Anti-Aging-Produkt!
Sie werden feststellen, dass Sie bei dieser sinnlich-kulinarischen Entdeckungsreise auf Produkte stoßen, die Sie bereits oft in Ihren Speisen verwendet haben. Manche Gewürze stehen gewiss ohnehin schon in Ihrem Gewürzbord ...

„Vergnügen in der Küche" liefert Ihnen hoffentlich Inspiration, Anregung und Nahrung zu mehr stillem, genussvollem Vergnügen – ob nun in der Küche oder woanders! Vielleicht hilft es Ihnen auch, ab und zu auf andere Gedanken zu kommen, Stress zu lösen und sich für die Partnerschaft Zeit zu nehmen. Denn darin liegt das eigentliche Geheimnis der stillen Erotik.

Erika Seidl

Alle Sinne verwöhnen

Betörende Anregungen für ein erotisches Ambiente

Schließen Sie die Augen und stellen Sie sich Ihr persönliches erotisches Essen vor, mit dem Sie schon immer verführen wollten. Welches Licht umgibt Sie? Wonach soll es riechen? Für welches Outfit entscheiden Sie sich? Wo soll das Dinner stattfinden? Mindestens so wichtig wie das eigentliche Essen ist das Ambiente und die perfekte Stimmung, die rund um das anregende Dinieren herrschen soll.
Licht, Gerüche, Dekoration und natürlich Ort und Zeit beeinflussen unsere Wahrnehmung stark. Die Lust bedient sich aller Sinne! Um ein gelungenes aphrodisisches Menü zu zaubern und um sich auf das hoffentlich nachfolgende erotische Festspiel einzustimmen, sollten Sie bemüht sein, alle Sinne gleichermaßen zu aktivieren.

Ich kann Dich gut riechen!

Unser Geruchssinn beeinflusst unbewusst auch unsere Partnerwahl. Ob die sexuelle Chemie zwischen Menschen stimmt, wird oftmals über den Geruchssinn entschieden. Die Nase als sehr feinsinniges Organ wird leider häufig unterschätzt. Für uns unangenehme Düfte erzeugen automatisch Abneigung und turnen nicht an. Hingegen können angenehme Gerüche und Aromen ein erotisches Ambiente schaffen und noch verstärken. Denken Sie nur an den unverkennbar weichen und betörenden Duft von frischen Erdbeeren!
Düfte beeinflussen unsere Wahrnehmung und Erwartungshaltung und in weiterer Folge die Bereitschaft, sich fallen zu lassen. Mit dezenten Duftkerzen, Räucherstäbchen oder zart duftendem Blumenschmuck lässt sich leicht die passende Stimmung erzeugen. Übertreiben Sie es nicht allzu sehr mit Parfüms oder stark riechenden Körperpflegemitteln. Barocke Duftwolken können Übelkeit, Überreizung und Abneigung hervorrufen. Der Eigenduft der Speisen wird übertönt und verliert an Sinnlichkeit. Weniger ist hier oft mehr!
Als höchst erotische Duftnote empfinden Frauen Muskatellersalbei, bei Männern ergab eine Studie in Amerika, dass der Kürbisgeruch sie erotisch besonders inspiriert.
Prägnantestes Ergebnis aus der Umfrage: Blumen, besonders Rosen und Jasmin, symbolisieren Lust und Erotik wegen ihres Duftes.

Das Auge isst mit!

An die Weiblichkeit erinnernde Pflanzen und Früchte küssen die versteckte Erotik bei Männern wach. Das zarte Innere von manchen Muscheln erinnert unweigerlich an das weibliche Geschlecht. Umgekehrt beflügeln phallusähnliche Gemüse (wie Spargel!), Blüten und Früchte Frauen zu erotischen Fantasien. Der Reiz über das Sehen setzt eine komplizierte biologische Verkettung in Gang und dringt tief in unser Bewusstsein ein. Dies erzeugt Bilder im Gehirn und stimuliert uns.
Abgesehen von der Wahl der Zutaten spielen auch die Dekoration und das Anrichten der Speisen eine wichtige Rolle. Gut abgestimmte Farben, ein liebevoll gedeckter Tisch, aber auch die eigene Gepflegtheit machen gleich ein gutes Bild. Ob puristisch oder prunkvoll, ob exotisch oder traditionell – das liegt ganz in Ihrer Hand. Entscheidend ist die Harmonie zwischen der Menüwahl und dem Rundherum. Das Rundherum beinhaltet natürlich auch die Wahl der passenden Beleuchtung. Schummriges Licht verzaubert das Gegenüber und schafft eine geheimnisvolle Aura.
Prägnantestes Ergebnis aus der Umfrage: Erdbeeren, Muscheln und Spargel werden am häufigsten als optischer Anreiz empfunden.

Zart wie Pfirsichhaut!

Die Früchte der Natur haben die unterschiedlichsten Oberflächen und erzeugen beim Betasten auch die unterschiedlichsten Gefühle. Während Orangen und Haut im Zusammenhang eher negativ besetzt sind, weckt Haut so zart wie Pfirsich sinnliche Begierde. Das langsame Ertasten, Erfühlen und Begreifen verschiedener Strukturen kann hoch erotisch sein. Manche Früchte wecken beim Berühren bestimmte sinnliche Assoziationen in uns, manche lösen Ekel aus. Die Haut – unser größtes Organ – besitzt über 80 000 Nervenenden! Kein Wunder, dass das Ertasten und Erfühlen in der Erotik den größten Stellenwert einnimmt. Beim Essen ertastet sich die Zunge einen ersten Eindruck von dem, was folgt – das Geschmackserlebnis. Glitschig, weich, hart oder knusprig, kalt oder heiß – die vielen Nervenenden im Mund entscheiden, ob sich etwas als gut anfühlt oder als nicht den Erwartungen entsprechend. Diese Faktoren werden in der Lebensmittelindustrie ausgereizt und beeinflussen unsere Kaufentscheidung. In der erotischen Küche sollte das Erfühlen von Essen ein Erlebnis sein. Gegensätze ziehen sich an! Beispielsweise verstärken Kälte und Wärme bei einem Dessert die Sinnlichkeit und regen die sexuelle Empfindsamkeit an.
Prägnantestes Ergebnis aus der Umfrage: Die glitschige Beschaffenheit von Meeresfrüchten, wie von Austern oder Tintenfischen, wird als erotisch empfunden.

Hören kann betören!

„Da kann man es knistern hören!“, sagt man, wenn man ein Pärchen sieht, das sich still anhimmelt und schwer verliebt ist. Trotzdem scheinen sie sich wortlos zu verstehen. Sich Zeit zu nehmen und zuhören zu können, auf den anderen einzugehen, schafft liebliche Atmosphäre und Vertrauen. Das Gegenüber fühlt sich ernstgenommen. Gerade bei erotischen Abenden dämpfen viele Menschen fast wie von selbst die Lautstärke und den Klang der Stimme, um sanfter und einfühlsamer zu sein. Die Stimme eines Menschen kann in der Partnerwahl sehr entscheidend sein. Männer fühlen sich von höheren und Frauen eher von tiefen Tönen angesprochen. Das Ohr ist vor allem beim weiblichen Geschlecht eine sehr empfindsame und erogene Zone. Ein absolutes Tabu am Tisch sind schmatzende Geräusche und Rülpsen – ein solcher Fauxpas kann die sinnliche Stimmung völlig zerstören.
Töne und Laute beeinflussen aber auch das positive Empfinden von Nahrungsmitteln selbst. So wird in der Lebensmittelindustrie peinlichst genau geprüft, wie das Knacken von Würstchen empfunden wird. Ein zu starkes und lautes Geräusch beim Reinbeißen wird als übertrieben eingestuft, während kein Knacken negativ bewertet wird.
Musik ist hier natürlich nicht zu vergessen. Für die Wahl der geeigneten Hintergrundmusik ist es ratsam, sich über den Musikgeschmack des anderen schlau zu machen.
Prägnantestes Ergebnis aus der Umfrage: Ein Zerreden der Stimmung und stumpfsinniges Geplauder stoßen sowohl bei Männern und Frauen auf Abneigung.

Liebe geht durch den Magen!

Ja, wie wahr! Sonst hätte ich dieses Buch nicht geschrieben! Das Erschmecken von Dingen lernt man vom ersten Tag an. Gerade für Babys ist das Fühlen und Schmecken mit der Zunge essenziell. Dieses Bedürfnis, mit der Zunge zu schmecken und gleichzeitig neue Geschmacksrichtungen zu erkunden, bleibt uns bis ins Erwachsenenalter erhalten und befriedigt uns. Die Wirkstoffe von Nahrungsmitteln, denen aphrodisierende Eigenschaften anhaften, werden durch die Sinneszellen der Schleimhäute im Mundbereich in die Blutbahn weitergeleitet und dort aufgenommen. Aphrodisierende Inhaltsstoffe regen den Stoffwechsel an und bringen die Glückshormone in Schwung.
Speziell Gewürze sind für die erotische Küche unabdingbar – wichtig ist hier, dass das Geschmackserlebnis umso intensiver erlebt wird, je harmonischer und gefühlvoller Speisen abgeschmeckt sind. Viele Geschmackskomponenten ergeben bei guter Würze ein Ganzes, kein Gewürz sollte vordringen. Die Neugier wird dann richtig geweckt, wenn ein Geschmack nicht zu aufdringlich ist. Das macht Lust, die einzelnen Aromen mit der Zunge zuerst zu ertasten und dann zu erschmecken. Grundsätzlich werden von der Zunge fünf Grundgeschmäcker erkannt: salzig, süß, sauer, bitter und umami. Letztere Geschmacksqualität beschreibt – nach neuesten Erkenntnissen – die fleischige Note.
Prägnantestes Ergebnis aus der Umfrage: Simpel, aber eindeutig! Ein erotisches Essen ist dann gelungen, wenn es der Partnerin/dem Partner geschmeckt hat!

Gut zu wissen

10 pikante Tipps und hilfreiche Ratschläge

Wie Sie an ein erotisches Essen herangehen und was Sie beachten sollten, finden Sie kurz und bündig auf dieser Seite. In diese Tipps fließen auch die Wünsche und Hinweise mit ein, die ich aus meiner Umfrage ausgewertet habe. Unzählige Personen aller Altersgruppen waren bereit, mir ihre Gedanken und Gefühle zur erotischen Verführung in der Küche anzuvertrauen.

1. Dem anderen ein bisschen was verraten

Lassen Sie Ihre Partnerin, Ihren Partner unbedingt von dem geplanten Dinner wissen! Er oder sie muss sich darauf einstimmen und sich Zeit nehmen können. Ein Dinner im Stress gelingt sicherlich nicht und birgt keine erotischen Genüsse in sich. Alle geplanten Überraschungen sollten Sie natürlich nicht preisgeben.

2. Vorlieben berücksichtigen

Das Essen soll schmecken! Das klingt zwar logisch und simpel, aber stellen Sie sich vor, Sie mögen keinen Fisch und bekommen bei einem erotischen Date Meerestiere vorgesetzt. Oder Sie sind Vegetarier und müssen sich dafür entschuldigen, das teure Steak nicht essen zu können. Wenn Sie Ihre Partnerin/Ihren Partner noch nicht so gut kennen, unterhalten Sie sich im Vorhinein darüber ganz unverfänglich!

3. Klein anfangen

Es muss nicht gleich ein fünfgängiges Sternemenü sein. Ein anregendes Süppchen oder schnell zubereitetes Fingerfood reicht manchmal völlig aus. Sie können sich langsam an die erotische Küche herantasten und von Mal zu Mal mehr wagen.

4. Zeit managen

Das Timing muss passen. Planen Sie Ihre Kochschritte gut. Manchmal kann es ratsam sein, das Gericht vorher auszuprobieren. Unvorhergesehene Pannen können Sie dadurch vermeiden und das Essen zum richtigen Zeitpunkt servieren.

5. Von Stress befreien

Nehmen Sie sich für die Vorbereitung genug Zeit! Das Planen des Menüs, das Einkaufen der Lebensmittel, ob nun allein oder zu zweit, machen stressfrei einfach mehr Spaß.

6. Getränke wählen

Getränke sind natürlich unerlässlich! Ein Aperitif zum Einstieg hilft, die Stimmung zu lockern. Begleitgetränke fürs Essen sollten nach Gusto und Vorliebe ausgesucht, früh genug eingekühlt oder dekantiert (v. a. Rotwein; öffnen und bei Zimmertemperatur atmen lassen) werden. Cocktails und Sekt oder Prosecco mit Fruchtmark kommen immer gut!

7. Schön schmücken

Versuchen Sie die Dekoration harmonisch zu gestalten. Finden Sie heraus, welche Farben- oder Blumenvorlieben Ihre Partnerin/Ihr Partner hat. Sich selbst sollten Sie natürlich auch nicht vergessen. Machen Sie sich nach dem Kochen und vor dem Essen hübsch.

8. Ordnung halten

Vermeiden Sie wüste Unordnung in der Küche. Denn Unordnung macht Ihnen selbst Stress. Waschen sie gleich parallel zum Kochen ab. Pufferzeiten gibt es immer!

9. Klein portionieren

Um erfolgreich mit einem kokett sinnlichen Liebesmenü zu verführen, sollten Sie nur wenig auf dem Teller anrichten. Weniger ist mehr! Denn mit vollem Bauch liebt es sich nicht gut, bestätigt auch die Umfrage. Blähungen, Rülpsgeräusche oder Aufstoßen durch „Überfressen" zerstören das mühsam aufgebaute Ambiente.

10. Der Abwasch muss warten

Abwaschen ist tabu, zumindest wenn Ihr Schatz noch da ist! Die Umfrage ergab eine heftige Abwehr und Abneigung gegen das Saubermachen in der Küche. Mehrmals kam die Aussage: „Von mir den Abwasch zu verlangen, wäre der Stimmungskiller Nummer eins!"

Aphrodisiaka

Erotik à la carte

Ausgangssituation

Wir können davon auszugehen, dass die Menschen seit jeher damit beschäftigt waren, ihr natürliches Bedürfnis nach Essen, Trinken und Sexualität zu stillen. Aus dem geschichtlichen Hintergrund lässt sich ableiten, dass die Menschheit immer schon bemüht war, die Erträge der Jagd und der Ernte ebenso zu steigern wie die ihrer Lenden. Verschiedene Fruchtbarkeitsriten und Liebeskulte und der Einsatz ausgewählter Pflanzen bzw. Lebensmittel lassen seit langem deren starke Zauberkraft vermuten.

In den letzten Jahren gewannen diese Lebensmittel wieder verstärkt an Bedeutung. Und so versucht die Wissenschaft, die Wirkung dieser Lebensmittel empirisch zu belegen. Es erscheint jedoch schwierig, die Bedeutung auf die menschliche Libido nachweislich zu bestätigen.

Aus diesem Grund wird in diesem Beitrag versucht, die Wirkung bestimmter, als aphrodisierend geltender Lebensmittel zu erklären und mit dem menschlichen Sexualverhalten in Zusammenhang zu bringen. Des Weiteren soll die Leserin/der Leser dazu angeregt werden, sich näher mit dieser Thematik auseinanderzusetzen und sich über Aphrodisiaka eine eigene Meinung zu bilden.

All jene, die die Wirkung der aphrodisierenden Lebensmittel selbst erforschen möchten, finden in diesem Buch viele liebe- bzw. reizvolle Rezepte. Die Menüs sind leicht nachzukochen und versprechen Genuss und Erotik auf höchstem Niveau.

1. Der Begriff Aphrodisiakum[1]

1.1 Definition

Aus dem Griechischen übersetzt bedeutet Aphrodisiakum „Mittel zur Anregung". Diese Mittel gibt es schon seit alters her und sie faszinieren bis in die Gegenwart. Wichtig ist, dass zwischen aphrodisierenden Lebensmitteln, welche eine anregende Wirkung haben können, und Potenzmitteln, die organisch oder psychisch bedingte Erektionsprobleme beheben, unterschieden wird. Bei diesen Mitteln handelt es sich um rezeptpflichtige Medikamente, die auf keinen Fall mit Aphrodisiaka gleichgesetzt werden dürfen.

1.2 Ursprung und Geschichte

Der Begriff Aphrodisiakum stammt von Aphrodite, der griechischen Göttin der Schönheit und Liebe (im alten Rom die Göttin Venus). Der Legende nach stieg Aphrodite als „Schaumgeborene" aus dem Meer und trug in ihrem goldenen Gürtel den Zauber der Liebe. Die Rose war die der Aphrodite geweihte Pflanze und galt als Symbol der Liebe und als Sinnbild der Frau. Der Granatapfel beispielsweise, ein bekanntes aphrodisisches Lebensmittel, findet seinen Ursprung bei Aphrodite. Sie soll den ersten Granatapfelbaum auf Zypern gepflanzt haben. Der Granatapfel galt als Sinnbild des Frühlings, der Verjüngung und der Fruchtbarkeit und noch heute besteht in Griechenland der Glaube an seine fruchtbare Wirkung.

Im Mittelalter waren Aphrodisiaka als Hexenmittel äußerst negativ behaftet, doch gegenwärtig, in einer Zeit der stressbedingten Lust- und Potenzprobleme, bekommen sie eine ganz neue Bedeutung und Wertigkeit in unserer Gesellschaft.

2. Bekannte Aphrodisiaka und ihre Wirkung

Interessant erscheint die Tatsache, dass viele Menschen auf den Begriff „Aphrodisiaka" mit einem Lächeln, einem Funkeln der Augen und einem interessierten Zuhören reagieren. Ganz nach dem Motto: „Erzähle uns mehr!"

[1] Vgl. Ingrid Wolter, Liebeslust Naturküche. Aphrodisiaka – Wahrheit, Wirkung, Wunderglaube, Unikum Verlag, Graz, 2006, S. 13.

Generell lassen sich Aphrodisiaka in vier Gruppen einteilen:

1. Pflanzen, die starke Halluzinationen hervorrufen und in den Bereich der Drogen, wie Opium, oder Gifte, wie der Alraune, dem bekanntesten Aphrodisiakum der antiken Welt, fallen.
2. Pflanzen, die als Gewürze in der Küche vieler Kulturen ihren Einsatz finden.
3. Pflanzen, deren aphrodisische Wirkung aufgrund ihrer Farbe, Gestalt oder mythologischen Bedeutung rein symbolischer Natur ist.
4. Lebensmittel, die aufgrund ihrer Inhaltsstoffe direkt oder indirekt luststeigernd wirken können.[2]

Im Rahmen dieses Artikels wurden zwanzig Personen befragt, um einzelne bekannte Aphrodisiaka zu ermitteln. Die Bedingung für die Teilnehmer lautete, drei Lebensmittel zu nennen, von denen sie glauben oder vielleicht sogar wissen, dass sie einen Einfluss auf das menschliche Sexualverhalten besitzen. Nachfolgend finden sich die Nennungen in absteigender Reihenfolge.

Lebensmittel	Anzahl der Nennungen
Schokolade	15
Erdbeere	12
Auster	10
Chili	7
Sellerie	4
Zimt	4
Ingwer	3
Apfel	2
Avocado	2
Curry	2
Feige	2
Gänseei	2
Nelke	2
Spargel	2
Ananas	1
Honig	1
Knoblauch	1
Vanille	1

2.1 Schokolade

Ob als Trostspender bei Liebeskummer oder kleines Mitbringsel – Schokolade erfreut sich größter Beliebtheit. Im Jahr 2000 wurde der Schokolade und ihrem Genuss sogar ein Kinofilm gewidmet. In „Chocolat" verzaubert Juliette Binoche ein kleines Dorf mit ihrer kleinen, aber kunstvoll in Szene gesetzten Chocolaterie. Mit der Zeit verfallen die Einwohner den geheimnisvollen Pralinen und Schokoladen und es offenbaren sich Leidenschaften und Bedürfnisse, die zuvor verborgen waren. So beschreibt dieser Film auf wunderbare Weise die anregende Wirkung dieser süßen Verführung.

Schokolade, die einen besonders hohen Kakaogehalt aufweist, kann die Bildung von Neurotransmittern, wie Serotonin, steigern, des Weiteren enthält sie Koffein, Theophyllin, Theobromin. Das ebenso in der Schokolade vorkommende Phenethylamin, das mit dem Hirnhormon Noradrenalin verwandt ist, erzeugt Glücksgefühle, indem es jene Teile des Gehirns anregt, die für unser Glücks- und Lustempfinden verantwortlich sind.[3]

[2] Vgl. Wolter, S. 15.
[3] Vgl. Wolter, S. 103.

2.1.1 Die Wirkung von Tryptophan

Schokolade zählt zu den kohlenhydratreichen Lebensmitteln, die im Körper größtenteils in Glucose umgewandelt werden. Glucose wiederum regt die Insulinproduktion in der Bauchspeicheldrüse an. Dies führt zu einer Erhöhung des Tryptophanspiegels im Gehirn, dem Ausgangsstoff für die Bildung des Serotonins[4]. Serotonin wird dann unter Mitwirkung von Cobalamin, Pyridoxin und Folsäure aus Tryptophan synthetisiert. Außerdem ist Tryptophan die Schlüsselsubstanz für die Herstellung von Melatonin, das einen beruhigenden Einfluss auf die Gehirntätigkeit und das Entspannen und Einschlafen hat.
Tryptophan zählt zur Gruppe der essenziellen bzw. unentbehrlichen Aminosäuren, das bedeutet, dass es vom menschlichen Organismus nicht gebildet werden kann und mit der Nahrung zugeführt werden muss. Vor allem Milch und Milchprodukte, wie z. B. Käse, enthalten in hoher Konzentration Tryptophan in Form von Lactalbumin. Auch Geflügel, Rindfleisch, Eier, Erbsen, Kakaobohnen, Nüsse und Kartoffeln stellen hervorragende Quellen dar.

2.1.2 Die Wirkung von Serotonin

Tryptophan ist als Vorstufe des auch als „Glückshormon" bezeichneten menschlichen Neurotransmitters Serotonin für die stimmungsaufhellende Wirkung von Schokolade mitverantwortlich. Serotonin, das für innere Ruhe, Ausgeglichenheit und einzelne Glücksgefühle mitverantwortlich zeichnet, ist ein wesentlicher Bestandteil des menschlichen Hormonsystems. Hormone werden auch als Botenstoffe oder als Neurotransmitter bezeichnet, weil sie bestimmte Informationen von Nervenzelle zu Nervenzelle übermitteln. Je nachdem, an welchen Rezeptor im Gehirn sich Serotonin bindet, beeinflusst es Appetit und Schlaf, steuert den Sexualtrieb, die Körpertemperatur und hat Auswirkungen auf unsere Gemütslage. Durch die Serotoninausschüttung und das Wirken der anderen anregenden Stoffe entwickeln sich Glücks- und Lustgefühle, die das Sexualverhalten fördern können.[5]

2.2 Erdbeeren

Die Erdbeere ist eine symbolträchtige Frucht. Mit ihrer Herzform und der verlockend roten Farbe ist sie ein Symbol der Sinnlichkeit. Erdbeeren in Verbindung mit Sekt oder Champagner sind in der Gesellschaft eine beliebte Einstimmung auf das Liebesspiel. Deshalb wird dieses Lebensmittel auch der dritten Gruppe der Aphrodisiaka zugeordnet.

2.2.1 Die Wirkung der Farbe Rot

In der Farbpsychologie wird der Farbe Rot eine hohe Anzahl von symbolischen Bedeutungen beigemessen. Von der Liebe bis zum Hass – alle Gefühle, die das Blut in Wallung bringen, werden mit Rot verbunden. Rot ist die Symbolfarbe der schlechten wie der guten Leidenschaft. Man wird rot vor Verlegenheit oder vor Verliebtheit; wenn man sich schämt, wenn man zornig ist oder sich in hektischer Aufregung befindet. Werden Begriffe wie Liebe, Sexualität oder Erotik mit Farben in Verbindung gebracht, sind es immer Farben, die mit Rot kombiniert werden, oder Rot selbst.[6] Rot steht auch für das moralisch Verbotene. Im „redlight district", im Schummerlicht der roten Laternen, herrscht die Unmoral. Das Rot der Erotik, der Sexualität zusammen mit dem Schwarz der Sünde. Schon im neuen Testament hieß es:

„Und ich sah eine Frau auf einem scharlachroten Tier sitzen, das war voll lästerlicher Namen und hatte sieben Häupter und zehn Hörner.
Und die Frau war bekleidet mit Purpur und Scharlach und geschmückt mit Gold und Edelsteinen und Perlen und hatte einen goldenen Becher in der Hand ..."[7]

Wie aus diesen Aufzeichnungen hervorgeht, hat die Symbolträchtigkeit der Farbe Rot bereits einen lang zurückliegenden Ursprung und auch heute noch wird sie mit allem in Verbindung gebracht, was mit Liebe und Erotik zu tun hat. So verbinden die Farbenlehren von Malerei und Design Rot mit folgenden Eigenschaften: Kraft, Lebensfreude, Dynamik. Rot zieht den Blick an, ob man nun will oder nicht. Dadurch erhält diese Farbe einen ausgesprochenen Signalcharakter. Rot suggeriert kraftvolle Gesundheit, Energie und Leistungsfähigkeit. Es ist eine Farbe, die den Appetit reizt (wohl auch auf Geschlechtliches) und im Verpackungsdesign gern für süße, aber auch scharfe und würzige Produkte eingesetzt wird.

[4] http://www.ugb.de → Fachinfos → Mit Ernährung vorbeugen → Zum Glück gibt's was zum Essen (30. 11. 2007).
[5] http://www.dge.de → Ernährung → Weitere Themen (von A bis Z) → Psyche → Essen und Psyche (30. 11. 2007).
[6] Vgl. Eva Heller, Wie Farben wirken, Rowohlt Taschenbuch Verlag, Hamburg, 2004, S. 53.
[7] Vgl. Heller, S. 63.

Prof. Max Lüscher setzt Rot mit Aktivität gleich. Wird die erregende Sinnesempfindung des Rot vom subjektiven Gefühl als lustvoll bejaht, gilt Rot als kraftvolle Stärke. Wer Rot bejaht, empfindet sie als stimulierend, aktivierend, als Erobern und expansives Begehren. Rot ist Appetit in all seinen Erscheinungsformen, von der brünstigen Liebe bis zur gierigen Bemächtigung.

2.2.2 Die Wirkung einzelner Formen

Am Beispiel der Farbe Rot lässt sich erkennen, dass eine luststeigernde Wirkung nicht nur ausschließlich durch die Inhaltsstoffe einzelner Lebensmittel hervorgerufen werden kann. Auch Formen und Farben können dazu beitragen, sich der Liebe voll und ganz hinzugeben. Denn die Formen der Auster, des Spargels und einzelner Pilze setzen Signale, die der Mensch wahrnimmt – bewusst oder unbewusst. Vielleicht trägt sogar die unbewusste Wahrnehmung dieser Symbole den Zauber der luststeigernden Wirkung in sich.

2.3 Austern

Vor allem bei Männern beliebt, beschert die Auster ein vielfältiges Sinneserlebnis durch ihre sündige Form, ihren Geschmack sowie den Geruch. Die Auster zählt zur Gruppe der Muscheln und Schalentiere. Diese Lebensmittel gelten als besonders proteinreich und enthalten zusätzlich die bekannten, cholesterinsenkenden Omega-3-Fettsäuren.[8]

2.3.1 Die Wirkung der Proteine

Die kleinsten Bausteine der Proteine sind die Aminosäuren, die der Mensch über tierisches und pflanzliches Eiweiß dem Organismus zuführt. Dort werden durch das Aneinanderreihen verschiedener Aminosäuren körpereigene Proteine aufgebaut. Die Funktionen dieser Proteine sind sehr vielfältig. Die für dieses Buch entscheidenden Aufgaben sind einerseits die Beteiligung der Proteine am Aufbau verschiedener Neurotransmitter und der Bestandteil von Hormonen, da eine große Zahl an körperlichen Funktionen unter der komplexen Kontrolle von Hormonen steht.[9] Hormone wirken auf ihre Zielzellen über spezifische Rezeptoren, die auf der Zellmembran oder im Zytoplasma lokalisiert sind. Sie bewirken die Vermehrung und Produktion bestimmter Enzyme ihrer Zielorgane und können somit die entsprechenden Leistungen des Organismus kontrollieren sowie koordinieren. Dazu zählen z. B. die Verdauung, der Stoffwechsel, das Wachstum, die Entwicklung und Reifung sowie die Fortpflanzung. Auch menschliches Verhalten und psychische Prozesse, wie beispielsweise Stimmung, Wohlbefinden und Gedächtnisfunktionen, stehen unter hormonellem Einfluss.[10]
In diesem Zusammenhang wurde das weibliche Geschlechtshormon Östrogen untersucht. Die Wissenschaft gelangte zu dem Ergebnis, dass Frauen aufgrund des erhöhten Östrogenspiegels in der Zeit um den Eisprung eine weitaus bessere Stimmung haben als an den anderen Tagen. Diese Wirkung beruht darauf, dass Östrogen sich günstig auf Serotonin, einen Neurotransmitter, auswirkt. Es bewirkt ein Ansteigen der Serotoninrezeptoren an der Zellmembran, was wiederum zu einer besseren Signalübertragung führt. Zum anderen hemmt es das Enzym Monoaminooxidase (MAO) und verlängert somit die Lebenszeit des Serotonins. Auch dem männlichen Geschlechtshormon Testosteron wird eine stimmungsaufhellende Eigenschaft nachgesagt. Auf Basis wissenschaftlicher Untersuchungen wurde diese Wirkung jedoch nur bei Männern mit einem körpereigenen Testosteron-Defizit belegt. Nicht auszuschließen ist allerdings, dass nicht das Testosteron direkt für die verbesserte Stimmung verantwortlich ist, sondern die Umwandlung des verabreichten Testosterons im Körper zu Östrogenen.[11]

2.3.2 Die Wirkung von Zink

Der relevanteste Mineralstoff von Austern und anderen Meeresfrüchten ist Zink, da es im Körper viele verschiedene Funktionen erfüllt. So nimmt Zink einzelne Schlüsselrollen im Kohlenhydrat-, Fett- und Eiweißstoffwechsel ein und ist am Aufbau der Erbsubstanz und beim Zellwachstum beteiligt. Sowohl das Immunsystem als auch viele Hormone benötigen Zink für ihre Funktion. Ebenso ist es in ionisierter Form Bestandteil von Enzymen und wirkt als Enzymaktivator. Darauf stützt sich auch die aphrodisische Wirkung von Austernfleisch, da die Testosteron-Produktion des Mannes und die Vaginalsekretion der Frau gesteigert werden kann.
Durch das erhöhte Testosteron wird die Spermienproduktion angeregt und gleichzeitig ihre Beweglichkeit unterstützt. Kurz gesagt, der Mann produziert mehr Spermien, während sich die Frau in einen Zustand erhöhter Liebesbereitschaft versetzt fühlt.[12]

[9] Vgl. Hans Konrad Biesalski, Peter Grimm, Taschenatlas der Ernährung, Thieme Verlag, Stuttgart, 2004, S. 120.
[10] Vgl. Adolf Faller, Gabriele und Michael Schünke, Der Körper des Menschen, Thieme Verlag, Stuttgart, 2004, S. 341.
[11] Vgl. http://www.ugb.de → Gesundheitsförderung → Der Traum von Jugend und Glück (20. 11. 2007).
[12] Vgl. Wolter, S. 86.

Da Zink im Körper nicht gespeichert werden kann, muss es regelmäßig durch die Nahrung zugeführt werden. Gute Zinklieferanten sind die bereits genannten Meeresfrüchte und Schalentiere, aber auch Fisch, rote Fleischsorten, Vollkornprodukte und Weizenkeime, Kürbis- und Sonnenblumenkerne und einzelne Gemüsesorten schenken dem Organismus das essenzielle Spurenelement.

3. Unbekannte Aphrodisiaka und ihre Wirkung

Nicht nur die bereits erwähnten Lebensmittel weisen libidostimulierende Wirkungen auf. Auch anderen Pflanzen bzw. Gewürzen wird dies nachgesagt – ein Faktum, das dem Großteil der Bevölkerung noch unbekannt ist.

3.1 Yohimbe

Yohimbe wird auch Potenzholz genannt und wächst in den Regenwäldern des Kongo und Kameruns. Yohimbin, so wird der darin enthaltene Wirkstoff genannt, ist eines der wenigen Aphrodisiaka, dessen Wirkung wissenschaftlich belegt werden konnte und das von der Medizin als echtes Aphrodisiakum anerkannt wird. Es wird bei Impotenz und Frigidität verschrieben, zeigt jedoch Nebenwirkungen, weshalb vor dem Genuss von Yohimbe ärztlicher Rat von Vorteil ist. Die Wirkung des Yohimbebaumes geht auf die in der Rinde enthaltenen Alkaloide zurück.[13]

Alkaloide gelten als stickstoffhältige Stoffwechselprodukte, die auf die menschliche Psyche oder das Bewusstsein wirken. Innerhalb der umfangreichen Gruppe der Alkaloide gibt es verschiedene Stoffe von chemisch sowie pharmakologisch ähnlichen Substanzen. Yohimbin zählt zu den Indolen, die vor allem psychedelisch und bewusstseinserweiternd wirken. Die chemische Struktur der Indole gleicht der des Serotonins.[14] Unter dem Einfluss von Yohimbinhydrochlorid konnte eine dreifache Zunahme von Erektionen und Orgasmen festgestellt werden. Für diese Wirkung wurde die Dosis bei 5 mg festgelegt.[15]

3.2 Trüffeln

Trüffeln sind Pilze, genauer definiert Knollen, die von Hunden und Schweinen in der Erde aufgespürt werden. Sie werden auch „Hoden der Erde“ oder „Hirschbrunsttrüffeln“ genannt. Die Trüffel ist aus der gehobenen Gastronomie nicht mehr wegzudenken, da sie einzelnen Speisen ein ganz besonderes Aroma verleiht.

Bisher größtenteils unbekannt ist jedoch die Tatsache, dass die Trüffel aufgrund ihres Duftes eine aphrodisische Wirkung zeigt. Es konnte wissenschaftlich bewiesen werden, dass die Trüffel eine hohe Dosis hormoneller Lockstoffe (Pheromone) enthält, die sowohl im Gehirn des Mannes als auch im Gehirn der Frau das Sexualzentrum stimuliert und sämtliche Sinne weckt, die unserem Sexualverhalten förderlich sind.[16] Bereits Napoleon schwor auf die Wirkung des „Diamanten der Küche“. Falls sich frisch gehobelte Trüffeln als zu teuer erweisen, besteht immer noch die Möglichkeit, Trüffelöl zu kaufen – die Wirkung bleibt dieselbe.[17]

3.3 Zucchini

Zucchini zählen zur Familie der Kürbisgewächse. Zucchini sind kalorienarm und enthalten Vitamine der B-Gruppe sowie Vitamin C. An weiteren Inhaltsstoffen sind Eisen, Karotinoide, Kalium und Kalzium zu nennen. Die Kerne dieser Kürbisart werden häufig als Präparate für Blase und Prostata verwendet, da sie leicht abführend und entwässernd wirken. Außerdem stärken sie die Abwehrkräfte und die Blase.

Die aphrodisische Wirkung der Zucchini besteht darin, dass sie reizend auf Blase und Nieren wirkt. Dadurch werden indirekt auch die Sexualorgane stimuliert – eine Wirkung, die den Menschen in luststeigernde Sphären eintauchen lässt.

[13] Vgl. Christian Rätsch, Pflanzen der Liebe, Hallwag Verlag, Bern, 1990, S. 54.
[14] Vgl. Rätsch, ebda. S. 192.
[15] Vgl. Rätsch, ebda. S. 154.
[16] Vgl. Wolter, S. 105 f.
[17] Vgl. Käthe Springer, Liebeskochkunst – Verführungen aus der erotischen Küche, Norka Verlag, Klosterneuburg, 1999, S. 17.

4. Resümee

Die Wirkungsweisen der verschiedenen Aphrodisiaka sind sehr breit gefächert. Generell lässt sich feststellen, dass sehr viele Abläufe über das Gehirn gesteuert werden. Serotonin zum Beispiel, ein Stoff in der Schokolade, bindet sich an einen Rezeptor im Gehirn. Auch bei anderen Lebensmitteln lassen sich ähnliche Vorgänge erkennen. Folglich spielt die psychische Konstitution bei der Wirkung von Aphrodisiaka eine entscheidende Rolle. Zu dieser Erkenntnis kommt auch Anna Reif, Sexologin und Beziehungstherapeutin aus der Schweiz:
Meine Erfahrungen über all die Jahre beweisen, dass der Mensch auf mehreren Ebenen umfassend Unterstützung und Heilung braucht. So auch beim Erlernen von erotisch-verspielten Ritualen. Diese Rituale werden auch von duftenden aphrodisierenden Essenzen – verzaubernd in ihrer Wirkung – begleitet (z. B. Räucherwerk und Bohour-Essenzen aus dem arabischen Raum). Dazu gehören auch aphrodisierende Lebensmittel. Das sind keine Heilmittel, aber sie können ganz bestimmt eine Wirkung verstärken oder mindern ...
Die innere Einstellung zu aphrodisierenden Lebensmitteln sollte jedoch positiv sein, um die Wirkung auch erleben zu können. Die Thematik ist zwar wissenschaftlich umstritten, wie jedoch aus dem Beispiel des Yohimbebaumes hervorgeht, kann so manche Wirkung wissenschaftlich belegt werden und sogar medizinische Anerkennung erlangen.
Der Glaube daran verstärkt die Wirkung – und manchmal brauchen Menschen etwas, woran sie glauben können. Solange die gewünschte Wirkung eintritt, gibt es keine Kritikpunkte. Die Geschichte der Aphrodisiaka spricht für sich, und es obliegt jedem selbst, es auszuprobieren.

Mag. (FH) Doris Hiller

Literaturverzeichnis

Hans Konrad Biesalski, Peter Grimm, Taschenatlas der Ernährung, Thieme Verlag, Stuttgart, 2004.
Adolf Faller, Gabriele und Michael Schünke, Der Körper des Menschen, Thieme Verlag, Stuttgart, 2004.
Eva Heller, Wie Farben wirken, Sonderausgabe, Rowohlt Taschenbuch Verlag, Hamburg, 2004.
Christian Rätsch, Pflanzen der Liebe, Hallwag Verlag, Bern, 1990.
Anna Reif, Sexologin und Beziehungstherapeutin, E-Mail vom 21. 11. 2007
Käthe Springer, Liebeskochkunst – Verführungen aus der erotischen Küche, Norka Verlag, Klosterneuburg, 1999.
Ingrid Wolter, Liebeslust Naturküche, Aphrodisiaka – Wahrheit, Wirkung, Wunderglaube; Unikum Verlag, Graz, 2006.

Internet
http://www.dge.de → Ernährung → Weitere Themen (von A bis Z) → Psyche → Essen und Psyche (30. 11. 2007)
http://www.ugb.de → Gesundheitsförderung → Der Traum von Jugend und Glück (20. 11. 2007)
http://www.ugb.de → Fachinfos → Mit Ernährung vorbeugen → Zum Glück gibt's was zum Essen (30. 11. 2007)

Statement Josef Zotter zum Thema:

Essen und Liebe

Es ist bestimmt kein Zufall, dass viele Beziehungen mit der Einladung zu einem Essen beginnen! Wenn's erfolgreich werden soll, muss man sowohl seinem Gegenüber als auch dem Gericht die beiden kostbarsten Güter heutzutage widmen – Aufmerksamkeit und Zeit. Nur so ist Genuss bewusst erlebbar, können sich Wohlbefinden und Sinnlichkeit entfalten – so kommt man auf den Geschmack!
Wenn dann auch noch der Koch/die Köchin mit Liebe und Phantasie die Speisen zubereitet hat, steht einer Fortsetzung dieses kulinarischen Vorspiels nichts mehr im Wege!

Zu den Rezepten

Die Rezepte wurden als Menüfolgen kreiert, die jeweils aus einer Vorspeise, einem Hauptgericht und einem Dessert bestehen. Die Abfolge der Menüs folgt den vier Jahreszeiten, um auch saisonale Produkte und deren Verfügbarkeit zu berücksichtigen.
Zu jeder Jahreszeit finden Sie vier Menüfolgen, wobei es beim Hauptgericht noch vier Unterteilungen gibt: Fleisch, vegetarisch, Fisch, Geflügel & Wild.
Sie können natürlich nach Lust und Laune Ihre Menü-Kompositionen neu zusammenstellen. Kochrezepte sind ja oft nur Anregungen und Stimulation. Als Abschluss finden Sie vier Menüvorschläge zu besonderen Anlässen. Im Index sind sie mit den passenden Übertiteln versehen.

Die jeweiligen Menüfolgen werden aufgelockert und sichtbar getrennt durch romantische Stimmungsbilder. Sie dienen der sinnlichen Anregung für ein erotisches Dinner. Daneben finden sich als Zwischenblätter Beschreibungen ausgewählter Lebensmittel, denen aphrodisierende, anregende und stärkende Eigenschaften nachgesagt werden.

Index

Frühlingsmenüs

Sommermenüs

Herbstmenüs

Wintermenüs

Spezialmenüs

Wild verstreute Kleider und
geöffnete Knöpfe haben mich in aller
Früh schon zum Lachen verführt.
Und ein Glücksgefühl durchströmt
mich bei dem Gedanken an die
köstlich stürmische, verrückte Nacht.

Palatschinken gefüllt mit Jungspargel

Symbolischer Lustbringer

Palatschinken

Alle Zutaten zu einem homogenen Teig verrühren. In einer beschichteten Pfanne sparsam Fett erhitzen, ungefähr einen kleinen Schöpfer Teig hauchdünn in der Pfanne verteilen, auf beiden Seiten haselnussbraun backen. Diesen Vorgang wiederholen, bis der Teig verbraucht ist.

Fülle

Die knackig frischen Spargelstangen am unteren Ende schälen und die holzigen Stücke entfernen. Im heißen Wasser eine halbe Minute blanchieren und eisig kalt abschrecken.
Das Ei mit dem weichen Ricotta glattrühren, damit die saftigen Palatschinken bestreichen und mit einigen Spargelstangen belegen. Einrollen und die Enden mit Schnittlauchröllchen behutsam zubinden. Für die Panier das Eiweiß mit Salz verrühren, Palatschinken damit benetzen und im Brösel-Sesamgemisch panieren. Frittierfett feurig erhitzen, darin die Palatschinken knusprig ausbacken und anschließend zum Abtropfen auf Küchenpapier legen.

Salat

Sorgsam zugeputztes Gemüse luftig auf dem Teller arrangieren und marinieren, die Palatschinke schräg auseinandergeschnitten darauf ästhetisch anrichten.

Für zwei frisch Verliebte
Zeit bis zur Vollendung: 40 Min.

Palatschinken

1	Ei
250 ml	Milch
100 g	glattes Mehl
1 Prise	Salz

mildes Oliven- oder Nussöl zum Backen

Fülle

1	Eidotter
16	dünne Grünspargelstangen
2 EL	Bröselkäse oder Ricotta

Panier

1	Eiweiß
1 Prise	Salz
4 EL	Brösel
2 EL	Sesam

Schnittlauchröllchen zum Binden
Frittieröl zum Ausbacken

Salat
bunter Blattsalat
einige Miniradieschen
Grünspargelstreifen

Marinade
weißer Balsamico, Oliven- oder Nussöl
Salz, frisch gemahlener weißer Pfeffer

APHRODISIERENDE, ANREGENDE UND STÄRKENDE INGREDIENZIEN

SPARGEL ... EI ... SESAM ... WEISSER PFEFFER

Beiriedschnitte an Liebstöckelsauce und Gemüsespieß

Raubtierfütterung für lange Nächte

Gemüse

Das knackige Gemüse sauber reiben und zuputzen. Dann in etwa gleich große längliche Stücke zerteilen. Die Suppe mit Kurkuma veredeln und darin die Gemüsestücke al dente garen.
Dann das Gemüse auf zwei Holzspieße abwechselnd mit einem Salbeiblatt aufspießen und in etwas Butter anbraten. Restliches Gemüse lustvoll in Butter schwenken, mit Petersilienblättern bestreuen und warmhalten.

Steak

Das Beiriedstück behutsam auf der Oberseite kreuzweise einschneiden, salzen und pfeffern. Kräftig duftendes Olivenöl erhitzen und darin das Fleisch beidseitig langsam anbraten (auf jeder Seite ca. 6–7 Minuten). Eingeschnittene Tomaten und den Knoblauch kurz mitbraten. Gebratenes Beiried in Alufolie einschlagen und warmstellen.

Sauce

Den Bratenrückstand des zarten Beiriedstückes mit Cognac ablöschen, mit Sahne verfeinern. Dann die aromatischen Gewürzblätter kurz mitziehen lassen und wieder entfernen. Leicht einköcheln lassen und mit gestoßenem rotem Pfeffer fertigwürzen.
Das Beiried portionieren und gemeinsam mit dem Spieß, der Sauce und einigen Liebstöckelblättern anrichten.

Für zwei Fleischtiger
Zeit bis zur Vollendung: 30 Min.

Beiried

4 EL	Olivenöl zum Braten
400 g	Beiried im Ganzen
2	mittlere Tomaten
1	Knoblauchzehe

Salz, roter und grüner Pfeffer

Sauce

2 EL	Cognac
100 ml	Sahne
1 TL	Butter

einige Liebstöckel-, Estragon- und Petersilienblätter
gestoßener roter Pfeffer

Gemüse

2	Holzspieße
200 ml	Gemüsesuppe
1 Msp.	Kurkuma
1	große Kartoffel
1 Stk.	Karotte
1 Stk.	gelbe Möhre
1 Stk.	Blattsellerie
1 kl.	Kohlrabi

Salbeiblätter, Butterflocken, zerzupfte Petersilienblätter

APHRODISIERENDE, ANREGENDE UND STÄRKENDE INGREDIENZIEN

LIEBSTÖCKEL ... PETERSILIE ... TOMATEN ... ROTER PFEFFER ... COGNAC ... BLATTSELLERIE ... KAROTTE

Geeiste Schneenockerln auf süßen Früchtchen

Gegensatz-Komposition zum Näherkommen

Früchtchen

Die edlen Erdbeeren waschen und sorgfältig abtupfen. Einen Topf mit Wasser füllen, zum Kochen bringen und ein passendes Gefäß (z. B. Schneekessel) aufsetzen. Die halbe Menge vollreif-roter Erdbeeren vierteln, mit einem Esslöffel Zucker vermengen und in das Gefäß geben. Bei sehr niedriger Temperatur über Dampf köcheln lassen, bis die Erdbeeren Saft lassen und somit ein köstlich parfümierter Erdbeerauszug entsteht. Das Erdbeerfleisch ist dann erschöpft, geschmacklos und unbrauchbar. Den wertvollen Saft auskühlen lassen, die übrigen Erdbeeren in Scheiben schneiden und beides vereinen.

Anschließend das Wasser, den Zucker, die duftende Vanilleschote, die scharfe Ingwerscheibe und den Zimt aufkochen. Rhabarberstücke vom Häutchen befreien und in Scheibchen von 2 cm schneiden, in den Zuckersirup einlegen und weichkochen, aber nicht matschig. Das Rhabarberkompott ebenfalls kühlen.

Schneenockerln

Die schneeweiße Milch mit einer Prise Zucker und Salz erhitzen, nicht kochen lassen.

Das kalte Eiweiß mit dem Zucker und dem Zimt cremig-fest aufschlagen. Mithilfe zweier Löffel Nockerln oder Spitzen formen und mit Gefühl in die heiße Milch einlegen, zudecken und eine halbe Minute ziehen lassen. Die Nockerln umdrehen und nicht zugedeckt eine halbe Minute zu Ende garen. Vorsichtig mit einem Sieb die empfindlichen Nockerln aus der Milch nehmen und auf Küchenpapier abtropfen lassen. Dann für mindestens eine Stunde zum Vereisen einfrieren.

In Stielgläsern abwechselnd marinierte Erdbeerscheiben und Rhabarberkompott einschichten. Als krönenden Abschluss die geeisten Schneenockerln daraufsetzen, mit Erdbeerblüten und Minze ansprechend dekorieren.

Für zwei Sensible
Zeit bis zur Vollendung: 40 Min.

Kompott

500 g	Erdbeeren
1 EL	Zucker
200 g	Rhabarber
50 ml	Wasser
50 g	Kristallzucker
1/2	Vanilleschote
1 Stk.	Zimtstange
1 Scheibe	Ingwer

Schneenockerln

200 ml	Milch
1 Prise	Salz und Zucker
1	Eiweiß
30 g	Kristallzucker
1/2	Vanilleschote (Mark)
1 Prise	Zimt

APHRODISIERENDE, ANREGENDE UND STÄRKENDE INGREDIENZIEN

INGWER ... ZIMT ... VANILLE ... RHABARBER ... ERDBEEREN

Tomate – der Apfel der Liebe

kühlend, die Abwehr stärkend, reinigend

Erotisch wirkt die Tomate allein schon durch die prallrunde Form. Die gesunde Röte suggeriert uns Gesundheit. In ihrer Heimat Mexiko waren die reifen Tomaten in ihrer Urform nicht größer als eine Johannisbeere. Tomaten gibt es in unzähligen Farben und Schattierungen, über viertausend Sorten sind bekannt. Die Form des Liebesapfels, wie die Tomate noch genannt wird, muss nicht immer prallrund sein – auch hier sind viele bizarre, für uns ungewöhnliche Formen anzutreffen.

Bis die Tomate ihren Weg in unsere Küchen fand, dauerte es. Erschwert wurde ihre kulinarische Entdeckung dadurch, dass zuerst die giftigen Pflanzenteile verkostet wurden. Wegen ihrer hübschen ansprechenden Blüten etablierten sie sich vorerst nur in Ziergärten.
Ende des 19. Jahrhunderts fanden dann die knalligen Früchte der mythosumrankten, exotischen Pflanze ihren Einzug in die europäische Küche, bis sie schlussendlich als unverzichtbarer Bestandteil gesunder und leichter Ernährung erkannt wurden: Tomaten bestehen aus 94 Prozent Wasser.

Der Liebes- oder Tollapfel ist das begehrteste, meistkonsumierte Gemüse – und das zu Recht. Vollreif und tiefrot sind Tomaten als mit Sonne aufgefüllte Vitaminspender in der mediterranen Küche unverzichtbar. Tomatensaft wird auch gerne für erotische Cocktails verwendet.

Inhaltsstoffe

Tomaten enthalten die Vitamine A, B1, B2, C und E sowie wichtige Spurenelemente, Mineralstoffe und Niacin. Der Pflanzenfarbstoff Lycopin bewirkt die rote Farbe, ihm wird eine Krebs hemmende Wirkung nachgesagt.

Nährwert

100 g = 17 kcal

Paradiesischer Vorschlag für die Küche

Bloody Mary (alkoholisch)
(1 Glas)

1/8 l	Tomatensaft
4 cl	Wodka
2–4	Tropfen Tabasco
1 Msp.	gehackte Dille

Saft einer halben Limette
schwarzer Pfeffer frisch gerieben

Paradiesdrink (alkoholfrei)
(1 Glas)

1/8 l	Tomatensaft
1/8 l	frisch gepresster Grapefruitsaft
1 TL	Zitronensaft
1 TL	brauner Zucker

Muskatnuss frisch gerieben
Zimt und Kardamom

Alle Zutaten miteinander vermengen und in anregender Atmosphäre trinken.

Spargeltorteletts

Himmlische Versuchung in Herzchenform

Mürbteig

Die kalte Butter in Stücke schneiden und mit einem Teil des Mehls verkneten, bis die Butter warm geknetet ist. Dann aus allen Zutaten einen geschmeidig glänzenden Teig herstellen, in Folie einhüllen und eine halbe Stunde ruhen lassen. Backrohr auf heiße 180° C vorheizen.

Den Teig 2 mm stark ausrollen und in nicht zu kleine Stücke schneiden. Herzchenbackformen mit Butter auspinseln (Sie können auch andere Backformen verwenden). Die Förmchen mit dem Teig auskleiden und sanft glätten. Den überschüssigen Teig mit einem scharfen Messer über dem Rand wegschneiden.

Den Teig mit einer Gabel öfters kraftvoll einstechen. Damit das Herzchen beim Backen schön in Form bleibt, füllen Sie das Förmchen am besten mit trockenen Bohnen oder Ähnlichem auf. Bei 180° C ca. 15 Minuten knusprig hellbraun backen und danach die Bohnen entfernen.

Fülle

Gartenfrische Spargelstangen und die gekochte Kartoffel sorgfältig schälen. Spargel in etwa 2 cm lange Stücke und die Kartoffel in dünne Scheiben schneiden. Gebackene Teigformen mit den hauchfeinen Kartoffelscheiben belegen und die Spargelstücke stehend einschichten. Pfiffiger wirken die Torteletts, wenn Sie die Spargelspitzen frech in der Mitte platzieren.

Das goldgelbe Ei mit der Sahne versprudeln und mit gehackter Petersilie und den sinnlichen Gewürzen scharf-aromatisch abschmecken. Mit dieser Masse die Formen auffüllen, ins Rohr schieben und 15 Minuten backen.

In der Zwischenzeit Olivenöl erhitzen, eine halbierte Knoblauchzehe einlegen und darin die Garnelen braten. Mit anregender Petersilie bestreuen und leicht salzen. Gebackene Torteletts auf Tellern arrangieren und mit den glasig-roten Garnelen belegen.

Tipp: Der Mürbteig reicht für ca. 12 Formen. Diese lassen sich gebacken und ungefüllt sehr gut einfrieren.

Für zwei auf Wolke sieben
Zeit bis zur Vollendung: 40 Min.

Mürbteig

250 g	glattes Mehl
140 g	Butter
1	Ei
1 Prise	Salz
1 EL	Weißwein
2 EL	Sahne

getrocknete Hülsenfrüchte zum Blindbacken

Fülle

3	weiße und grüne Spargelstangen
1 kl.	gekochte Kartoffel
1	Ei
70 ml	Sahne
1 EL	gehackte Petersilie

Muskatnuss, Salz, Pfeffer und etwas Chili

Belag

1 EL	Olivenöl
1	Knoblauchzehe

einige Garnelen
Salz und Petersilie

APHRODISIERENDE, ANREGENDE UND STÄRKENDE INGREDIENZIEN

SPARGEL ... EI ... WEIN ... PETERSILIE ... GARNELEN ... MUSKATNUSS ... PFEFFER ... CHILI

Lachsforellenfilet in Kürbiskernkruste

Inszenierung in Rosa

Rotweinzwiebeln

Ansprechend rote Zwiebeln schälen und achteln. Olivenöl in einem Topf erhitzen und darin den Zucker hellbraun schmelzen, mit süffigem Lambrusco oder sonstigem Rotwein ablöschen und die Zwiebelstücke beigeben. Salzen, die blumigen Kardamomkapseln und den Zimt hinzugeben. Die Hitze reduzieren und auf eine sämige Konsistenz einkochen. Dann die Kardamomkapseln entfernen und warmhalten.

Kruste

Den frischen Ricotta mit der Sahne vermengen, geschmolzene Butter, Kürbis- und Pinienkerne, Petersilie und die Gewürze untermischen.

Ofenkartoffeln

Die gekochten Kartoffeln im Backrohr mit Grillstufe oder scharfer Oberhitze braten, bis die Schale braun und knusprig wird. Ricotta mit den Kräutern und Gewürzen abschmecken.

Lachsforellenfilets

Die lachsrosa Filets auf Gräten kontrollieren und, wenn notwendig, mit einer Pinzette auszupfen. Leicht salzen und mit wenig Zitronensaft beträufeln, dann in gleiche Stücke schneiden.
Golden schimmerndes Olivenöl in einer Pfanne erhitzen und darin die Fischfilets ganz kurz auf einer Seite anbraten (sie sollten an der Oberseite nicht durchgegart sein).
Ein Backblech mit Alufolie auslegen und die Fischstücke daraufsetzen. Die Krustenmasse auf den zarten Filets gleichmäßig verteilen und entweder mit Grillstufe oder starker Oberhitze überbacken (Blech auf der obersten Schiene einschieben). Das Überbacken darf nicht zu lange dauern, ansonsten wird das Filet trocken. Am besten, man behält das Backrohr im Auge.
Gegarte Ofenkartoffeln einschneiden und mit dem gewürzten Ricotta füllen. Die Kartoffeln, die überbackenen Lachsforellenfilets und die Rotweinzwiebeln neckisch anrichten. Mit Kräuterblättern und einem Stück Zitrone dekorieren.

Für zwei Gegenstromschwimmer
Zeit bis zur Vollendung: 45 Min.

Lachsforellenfilet

350 g	Lachsforellenfilet ohne Haut
Salz, etwas Zitronensaft	
Olivenöl zum Anbraten	
1 EL	gehackte Kürbiskerne
1 EL	ganze Pinienkerne
1 EL	Ricotta
1 EL	Sahne
1 EL	geschmolzene Butter oder Nussöl
Salz, Muskatnuss, Pfeffer, Petersilie	

Rotweinzwiebeln

1 EL	Olivenöl
2 EL	Kristallzucker
300 ml	Lambrusco oder Zweigelt
4	rote Zwiebeln
2	ganze Kardamomkapseln
Zimt, Salz	

Ofenkartoffeln

4	in der Schale gekochte Kartoffeln
2 EL	Ricotta
1 EL	gemischte Kräuter
Currypulver, Salz, Pfeffer, Chili	

APHRODISIERENDE, ANREGENDE UND STÄRKENDE INGREDIENZIEN

KÜRBISKERNE ... PINIENKERNE ... PETERSILIE ... ROTWEIN ... MUSKATNUSS ... KARDAMOM ... PFEFFER ... CHILI ... CURRYPULVER ... ZIMT

Kakaoroulade mit Mango-Kaffeefülle

Süßer „Push-up“ für sündige Stunden

Ein Backblech mit Backpapier belegen, Backrohr auf 180° C vorheizen.

Roulade

Die Eier aufschlagen, Kristall- und Vanillezucker hinzufügen und zu einer sehr flaumigen Masse rühren. Den Kakao und das Mehl sieben und mit dem Backpulver vermengen. Das Gemisch in die luftige Eimasse einrühren und zum Schluss mit Gefühl die geschmolzene Butter unterziehen.
Den Teig auf dem Blech gleichmäßig verteilen und bei 180° C 10 Minuten backen. Aus dem Rohr nehmen und mit einem Geschirrtuch abdecken. Dadurch bleibt die entweichende Feuchtigkeit im gebackenen Biskuit und lässt sich gut rollen. Noch lauwarm ohne Fülle einrollen.

Fülle

Gelatineblätter in kühles Wasser einlegen. Vollreif duftende Mango schälen, in Stücke schneiden und mit ein wenig Zucker und Zitronensaft pürieren. Das Fruchtpüree durch ein feines Sieb streichen, so bleiben die holzigen Mangofasern im Sieb zurück.
Die verführerische Schlagsahne steifschlagen, dann das Joghurt, den Staubzucker, den Zimt und 3 EL Mangopüree unterrühren.
Löskaffee in heißes Wasser geben, darin die ausgedrückten Gelatineblätter auflösen und in die Sahnemasse einrühren.

Das Kakaobiskuit wieder ausrollen und mit der Fülle bestreichen, leicht stocken lassen und wiederum vorsichtig einrollen. Für einige Stunden kalt stellen.

Tipp: Wickeln Sie die Roulade straff in das Backpapier und klammern Sie es oben zu. So bleibt die Roulade während der Kühlzeit schön in Form.
Vor dem Servieren üppig mit Staubzucker anzuckern, in eine Serviette gleichmäßige Streifen schneiden, auf die Roulade legen und dicht mit Kakaopulver besieben. So erhalten Sie ein apartes Streifenmuster.

Für zwei Naschkatzen
Zeit bis zur Vollendung: 40 Min.

Teig

6	mittlere Eier
100 g	Kristallzucker
1 Pkg.	Bourbon-Vanillezucker
80 g	glattes Mehl
40 g	Kakaopulver
1 KL	Backpulver
20 g	geschmolzene Butter

Fülle

1/4 l	Joghurt (0,5 %)
1/4 l	Schlagsahne
1	kleine reife Mango
1 EL	Zitronensaft
3 EL	Staubzucker
1 Pkg.	Vanillezucker
1 Prise	Zimt
4 EL	heißes Wasser
2 TL	Löskaffee
5 Bl.	Gelatine

APHRODISIERENDE, ANREGENDE UND STÄRKENDE INGREDIENZIEN

EIER ... VANILLE ... KAKAO ... MANGO ... ZIMT ... KAFFEE

Zimt – das Gewürz der Frau

erregend, stimulierend

Zimt ist bitter und süß wie die Venus. Schon allein die herrlich warmbraune Farbe lässt Rückschlüsse auf die wärmende Wirkung des Zimtes schließen. Besonders Frauen sind nach dem betörenden Duft des Zimtes ganz verrückt.

Zimt zählt zu den Lorbeergewächsen und stammt ursprünglich aus Sri Lanka. Die Unterscheidung zwischen chinesischem oder Kassiazimt und echtem Zimt liegt in der Stärke der Rinde und dem feinen Aroma. Je dünner die Schote, desto wertvoller ist das Gewürz. Bei echtem Zimt (Ceylon) wird die Rinde von den dünnen Zweigen geschält, beim Kassiazimt hingegen verwendet man die innere Rinde der Stämme.

Verwendung

Die holzig süßen Zimtöle und -aromen finden häufig Verwendung als durchblutungsfördernde Badezusätze, Massageöle und sind begehrter Zusatz in Duftkerzen und Räucherstäbchen.

Schon zur Zeit des Römischen Reiches wurde Zimt gekonnt angewandt, um die Glückshormone zum Schwingen zu bringen. Als Liebesmittel eingesetzt, in Form von Tonikum, Liebesöl, als Likör und Parfüm, wirkt Zimt anregend auf Muskeln und Nerven.

Im Orient wird Zimt in den Speisen sehr vielseitig verwendet. Nicht nur Süßes verfeinert man damit, sondern auch Gemüse- und Fleischgerichte.

Unverzichtbar und nicht wegzudenken ist gemahlener Zimt aus Weihnachts-, Lebkuchen- und Punschgewürz, aber auch in unzähligen Gewürzmischungen, wie zum Beispiel Garam Masala, geht es nicht ohne ihn.

Inhaltsstoffe

Zimt beinhaltet einen sehr hohen Anteil an ätherischen Ölen, unter anderem Eugenol. Die Öle wirken äußerst angenehm und positiv auf unser Wohlbefinden und sind für den speziellen Duft verantwortlich, der – so hört man – die Potenz steigern und die Muskeln straffen soll.

Erhitzender Vorschlag für die Küche

Weißwein-Orangenpunsch (für 4 Bowle-Gläser)

700 ml	Weißwein
250 ml	frischer Orangensaft
150 ml	Wasser
2 EL	brauner Zucker
1 Stk.	Bio-Orangenschale
1	Stange Zimt
1 Stk.	Sternanis
6	Gewürznelken
2	grüne Kardamomkapseln
1 Pkg.	Vanillezucker
4 cl	brauner Rum

Alle Zutaten in einem emaillierten Topf kurz zum Kochen bringen, beiseitestellen und zugedeckt 15 Minuten ziehen lassen.

Sollten Sie nicht alle Gewürze extra einkaufen wollen, nehmen Sie zwei Packungen Glühweingewürz.

Parfümierter Bohnen-Reissalat

Sinnlicher Gewürzrausch zum Einsteigen

Bohnen-Reissalat

Die Butter schmelzen, darin die sinnlichen Gewürze, wie gequetschte Kardamomkapsel, Zimtschote und Gewürznelken, rösten, bis sie einen süßen Duft verströmen. Die gehackte Zwiebel und den Reis beifügen und eine glasige Farbe annehmen lassen. Mit Wasser aufgießen, so dass der Reis 2 cm hoch bedeckt ist, salzen und bei schwacher Hitze weich dünsten. Die Gewürzstücke aus dem Reis entfernen. Den gekochten Reis danach auf lauwarmer Temperatur auskühlen.
Die nach Anis duftende Fenchelknolle vom harten Strunk befreien, zerpflücken und in kleine Streifchen schneiden, das frische Grün zum Dekorieren beiseitestellen. Die liebesroten Tomaten halbieren und den saftigen Paprika in Stücke schneiden. Bei den gekochten Bohnen sehen weiße und dunkle kombiniert sehr appetitlich aus. Diese mit dem Reis vereinen, das Gemüse gefühlvoll unterheben und mit Balsamico-Essig und Walnussöl harmonisch marinieren. Zum Schluss salzen, kräftig pfeffern und mit einer Prise gemahlenem Zimt einen erotischen Touch verleihen.
Den originellen Salat auf bunten Tellern anrichten und mit Petersilien- und Fenchelgrün hübsch dekorieren.

Für zwei Experimentierfreudige
Zeit bis zur Vollendung: 15 Min.

Reis

70 g	Wildreismischung
1 EL	Butter
1	grüne Kardamomkapsel
1/2	Zimtschote
1/2	Zwiebel, gehackt
5	Gewürznelken
Salz	
150 g	gekochte Bohnen (zwei bis drei Sorten)
1/4	Fenchelknolle
10 Stk.	Minitomaten
1/2	grüne Paprika

Walnussöl, weißer Balsamico
Salz, schwarzer frisch gemahlener Pfeffer, etwas gemahlener Zimt

Dekor
Fenchelgrün und Petersilienblätter

APHRODISIERENDE, ANREGENDE UND STÄRKENDE INGREDIENZIEN

KARDAMOM ... ZIMTSCHOTE ... GEWÜRZNELKEN ... FENCHEL ... TOMATEN ... WALNUSSÖL ... PETERSILIE ... PFEFFER

Gemüsestrudel mit Sesamkruste

Sesam, öffne die Sinne!

Backblech mit Backpapier belegen, Backrohr auf 200° C vorheizen. Blätterteig bei Zimmertemperatur wärmen und ausrollen.

Gemüse

Den knackigen Kohlrabi und die Kartoffel schälen und in kleine Würfel schneiden. In etwas Wasser bissfest garen, die Babykarotten und Sojabohnen beigeben. Kurz mitblanchieren und das Mischgemüse mit kaltem Wasser abschrecken.

Béchamel

Junge Frühlingszwiebel und den kräftigen Knoblauch fein hacken und in Olivenöl zum Schwitzen bringen. Das Mehl beigeben und hell rösten. Mit Milch aufgießen und auf kleinster Flamme unter ständigem Umrühren dick einkochen. Zum Schluss den geriebenen Käse beigeben.
Mit den Gewürzen und der Petersilie aromatisch abschmecken. Das gekochte Gemüse und die grob gehackten Selleriestangen unterheben.

Blätterteig mit der ausgekühlten, bunten Gemüsefülle bestreichen. An den Seiten ca. 4 cm freilassen, diese Ränder mit Ei bepinseln.
Einrollen und mit der Nahtseite nach unten vorsichtig auf das Backblech legen. Obenauf das verquirlte Ei aufstreichen und hellen und dunklen Sesam in Streifen daraufstreuen.
Anfänglich bei 200° C 10 Minuten backen, dann auf 160° C zurückschalten und mittelbraun fertigbacken.

Dip

Den Sauerrahm salzen und pfeffern und die frühlingsfrischen Kräuter unterrühren. Den Strudel in Stücke schneiden, auf vorgewärmte Teller setzen, resche Salatblätter dazulegen und mit Dip befüllen. Die Kräuterblüten blumig darüberstreuen.

Für zwei Natürliche
Zeit bis zur Vollendung: 60 Min.

Strudel

1/2 Pkg.	Blätterteig

Fülle

1 Stk.	Kohlrabi
1	Kartoffel
2 Stiele	Staudensellerie (zartes Inneres)
50 g	Babykarotten, tiefgekühlt
50 g	Erbsen oder grüne Sojabohnen, tiefgekühlt

Béchamel

3 EL	Olivenöl
1	Frühlingszwiebel
2	Knoblauchzehen
40 g	glattes Mehl
100 ml	Milch
1 TL	Zitronensaft
50 g	geriebener griechischer Schafkäse
1 Prise	Zimt

Salz, Muskatnuss, Petersilie

Kruste

1	Ei
1 EL	heller und dunkler Sesam

Dip

3 EL	Sauerrahm
1 EL	gehackte Petersilie und Schnittlauch

Salz, Pfeffer

Dekor

Salatblätter und blühende Kräutersträußchen

APHRODISIERENDE, ANREGENDE UND STÄRKENDE INGREDIENZIEN

STAUDENSELLERIE ... KAROTTEN ... PETERSILIE ... MUSKATNUSS ... ZIMT ... EI ... KNOBLAUCH ... SESAM

Ingwer-Limettencreme

Frische als Draufgabe

Für zwei Aufgeweckte
Zubereitung: 25 Min.
Kühlzeit: 3 Stunden

Creme

500 ml	Sahne
500 ml	Joghurt (1 %)
3	Eiweiß
200 g	Staubzucker
2 Pkg.	Vanillezucker
60 g	Ingwerwurzel
4 cl	Orangenlikör
10 Bl.	Gelatine

Saft einer Limette und Orange

Fruchtmark

4	Marillen
1 EL	Rohzucker
1/2	Vanilleschote (Mark)

einige Tropfen Limettensaft

Fruchtmark

Die goldgelben Marillen entsteinen, mit dem Zucker und dem Limettensaft vereinen. Nun sehr fein pürieren und kaltstellen.

Creme

Das frische Ingwerstück mit der Schale fein reiben, in einen Kaffeefilter füllen und den wärmenden Saft in ein Schälchen ausdrücken.
Die Gelatineblätter in kaltes Wasser einlegen. Orangen-, Limetten- und Ingwersaft mit dem Orangenlikör vermischen und leicht erwärmen. Darin die ausgedrückten Gelatineblätter vollständig auflösen.
Das frische Eiweiß mit dem Staubzucker schaumig aufschlagen. Sahne und Vanillezucker mit dem Mixer ebenfalls steifrühren. Zur süßlichen Sahne das milde Joghurt beigeben und die Eiweißmasse unterziehen. Dann die Gelatineflüssigkeit gefühlvoll unterziehen.
In hübsche Gläser zuerst ein wenig Creme, dann das Fruchtmark füllen und mit einem Klecks Creme abschließen. Zum Stocken die Gläser für einige Stunden kühlen.
Vor dem Servieren mit erfrischender Minze und saftigen Fruchtstücken garnieren.

APHRODISIERENDE, ANREGENDE UND STÄRKENDE INGREDIENZIEN

EIWEISS ... INGWERWURZEL ... VANILLESCHOTE ... ORANGE ... LIMETTE ... ORANGENLIKÖR ... MARILLEN

Kardamom – die Königin der Gewürze

anregend, belebend

Kardamom ist eines der kostbarsten Aromaten und wurde in Indien zur Königin der Gewürze ernannt.
Die bis zu zweieinhalb Meter hohe buschige Pflanze gehört zur Ingwerfamilie. Der sinnlich warme Duft der Karadmomkapseln, welche am Boden kriechend an den Trieben der Pflanze wachsen, bringt exotischen Zauber in Ihre Speisen.
Die wertvolleren und für die Küche interessanten lindgrünen Samenkapseln sind den schwarzen vorzuziehen. Die Blätter des Kardamoms verströmen bei jeder Berührung einen intensiven, raffinierten Duft nach Zimt und Nelken.
FeinschmeckerInnen kaufen den Kardamom besser nicht gemahlen. Denn wie bei vielen anderen Gewürzen verflüchtigen sich Duft und Aroma leider sehr schnell. Vor allem für die Liebesküche ist Kardamom unverzichtbar.

Kardamomstauden wurden schon 700 v. Chr. in Babylon angebaut. Er kommt wild wachsend in den Regenwäldern Südindiens vor. Kultiviert wird Kardamom in Indien schon seit zweitausend Jahren, weiters in Tansania, Vietnam, Papua-Neuguinea.

Inhaltsstoffe

Einzigartige Aromakomponenten, ätherische Öle und Harze bestimmen den angenehmen Duft der Kardamomsamen und den frischen, bittersüßen Eukalyptusgeschmack. Eine gute Qualität der schwarzbraunen Samen zeigt sich durch ihre leichte Klebrigkeit, die geschützt und eingebettet in drei Fächern mit je drei bis acht Samen in der zart gerillten Samenkapsel liegen.

Wirkung

Mit Kardamom assoziiert man warm und sinnlich. Kardamom regt den Appetit an, reinigt den Atem und wirkt desodorierend. Dafür verantwortlich sind die reichlich vorhandenen ätherischen Öle.

Verwendung

Verwendet wird Kardamom gerne zum Parfümieren von stimulierendem Tee und Kaffee, aber auch viele Gewürzmischungen enthalten gemahlene Kardamomsamen. Süßes und Pikantes profitiert von diesem edlen Gewürz, das den Köstlichkeiten einen Hauch von Orient verleiht.

Orientalischer Vorschlag für die Küche

Parfümierter Orientkaffee (für 2 Personen)

1/4 l	Milch
100 ml	Wasser
3 TL	Kaffeepulver, kräftige Sorte
1	Zimtstange
2	grüne Kardamomkapseln
2 TL	brauner Zucker
2 Stk.	Gewürznelken

Zutaten gemeinsam einmal aufkochen lassen und zehn Minuten zugedeckt ziehen lassen. Eventuell mit Milch und Milchschaum oder einem cremigen Sahnehäubchen verfeinern.

Frühlingstäschchen

Asiatische Glückspakete

Dip

Den spritzigen Weißwein mit dem Zucker aufkochen, salzen, abkühlen lassen und die gehackten Chilischoten beigeben. Zugedeckt bis zum Servieren durchziehen lassen.

Teig

Das glatte Mehl in einer Schüssel mit dem Salz und den restlichen Zutaten vermengen und mit aller Liebe und Kraft einen geschmeidigen Teig abschlagen. Diesen Teig zugedeckt mindestens eine halbe Stunde rasten lassen. Zwischendurch immer wieder mit einer Gabel abschlagen.

Fülle

Knackiges Gemüse zuputzen und schälen, die Karotten und Möhren grob raspeln. Frühlingszwiebel und Knoblauch fein schneiden. Mit den asiatischen Gewürzen harmonisch abschmecken.

Den Teig ausrollen und Quadrate von 10 x 10 cm ausschneiden. In die Mitte ein Häufchen der herzhaften Fülle setzen. Die Ränder mit Ei benetzen und durch Hochziehen der Enden sorgfältig verschließen. Als besonderen Abschluss mit einer langen Schnittlauchröhre umgarnen.
Im heißen Fett knusprig frittieren und auf Küchenpapier gut abtropfen lassen.
Den sinnlich anregenden Asia-Dip mit den „Glückspaketen" servieren.

Für zwei Weltenbummler
Zeit bis zur Vollendung: 35 Min.

Teig

220 g	glattes Weizenmehl
1	Ei
1 EL	Olivenöl
200 ml	lauwarmes Wasser
1 Prise	Salz

Fülle

2 EL	Olivenöl
2	Karotten
2	gelbe Möhren
1 Stk.	chinesischer Knoblauch
1 Stk.	Frühlingszwiebel
2 TL	Sojasauce
1 TL	frisch geriebener Galgant oder Ingwer

Chili, Curry, Salz, Pfeffer
Frittierfett zum Ausbacken

Dip

60 ml	Weißwein
30 g	brauner Zucker
1	kleine grüne & rote Chilischote, gehackt
1 Prise	Salz

Dekor

Schnittlauch zum Verschließen der Täschchen

APHRODISIERENDE, ANREGENDE UND STÄRKENDE INGREDIENZIEN

EI ... KAROTTEN ... MÖHREN ... GALGANT ODER INGWER ... CHILI ... CURRY ... WEISSWEIN

Rosmarinhuhn mit Spargel und Kohlrabi

Leidenschaftliches zum Erwärmen

Hühnerbrust

Die zarten Hühnerbrüste salzen, pfeffern und in Mehl wenden. Aromatisches Olivenöl in einer Pfanne erhitzen und darin das Huhn von allen Seiten braun anbraten. In Folie wickeln und im Rohr bei 170° C 10 Minuten fertiggaren lassen.
Im köstlichen Bratenrückstand die Mandelsplitter hellbraun rösten und einige gehackte Rosmarinnadeln beigeben. Aus der Pfanne nehmen und die dufteten Mandeln auf beiden Hühnerbrüsten verteilen, die Folie wieder verschließen und im Rohr fertigbraten.
Nun den Bratenrückstand mit Wein ablöschen, den Natursaft einreduzieren, zuallerletzt mit Butter verfeinern und zum Parfümieren einen Rosmarinzweig einlegen.

Gemüse

Den knackigen Kohlrabi schälen, von den grünen Luststängeln (Spargel) den holzigen Teil wegschneiden. Nun beides in etwa gleich lange Stücke zerteilen. Die geschälte Zwiebel und den Knoblauch in schlanke Spalten schnipseln.
Nussöl erhitzen, den Zucker einstreuen und darin das anregende Gemüse kurz rösten, Wein und ein wenig Ananassaft zugießen. Langsam köcheln lassen und bissfest garen.
Als Krönung mit den Ananasstücken, der Butter und Crème fraîche raffiniert abschmecken. Die Gemüsekomposition harmonisch mit Salz und Pfeffer würzen. Ofenfrische Hühnerstücke mit dem Natursaft und dem farbgebenden Gemüse servieren.

Für zwei Turteltäubchen
Zeit bis zur Vollendung: 35 Min.

Hühnerbrüste

2 EL	Olivenöl
2 Stk.	Maishuhnbrüste
2 EL	Mehl
3 EL	Mandelsplitter
1 TL	Butter
50 ml	Weißwein zum Aufgießen

ein Rosmarinzweig
Salz, weißer Pfeffer

Gemüsebeilage

2 EL	Nuss- oder Haselnussöl
1 Stk.	Kohlrabi
300 g	Grünspargel
1 Stk.	chinesischer Knoblauch
1	milde rote Zwiebel
1 TL	Zucker
2 EL	Weißwein
1 TL	Butter
1 EL	Crème fraîche
1	kleine Dose Ananas

Dekor
essbare Blumen

APHRODISIERENDE, ANREGENDE UND STÄRKENDE INGREDIENZIEN

MANDEL ... ROSMARIN ... PFEFFER ... WEIN ... GRÜNSPARGEL ... ANANAS

Mokkahügelchen mit Karamellsauce

Anregendes für Feinsinnige

Mokkahügelchen

Zarte Gelatine in kaltes Wasser einlegen und zwei runde Schälchen (z. B. Mokkatassen) mit Wasser ausspülen.
Schokobraunen Kakao in die kalte Sahne einsieben, 1 EL Zucker in einem Topf hellbraun karamellisieren und mit der cremeweißen Sahne ablöschen. Den aromatischen Löskaffee darin auflösen, restlichen Zucker und das körnige Mark der duftenden Vanilleschote beigeben. Die sämige Masse auf kleiner Flamme etwa 10 Minuten einköcheln.
Leicht auskühlen lassen, Gelatine ausdrücken und in der Creme auflösen. Die Formen mit der Masse befüllen. Für mindestens drei Stunden zum Stocken in den Kühlschrank stellen.

Karamellsauce

Den Zucker in einem Töpfchen braun karamellisieren, Topf von der Herdplatte ziehen, mit der Sahne aufgießen und den Vanillezucker einrieseln lassen. Die Karamellsauce bei niedriger Temperatur dickflüssig einkochen.

Zum Stürzen der Creme die Förmchen kurz in heißes Wasser tauchen. Auf die samtig-weiche Karamellsauce die unschuldig wackelnden Mokkahügelchen setzen. Mit frischen Beeren, Minzezweigen und Blüten barock-sinnlich dekorieren.

Für zwei Romantiker
Zeit bis zu Vollendung: 30 Min.
Kühlzeit: mindestens 3 Stunden

Creme

250 ml	Sahne
1/2	Vanilleschote (Mark)
30 g	Kristallzucker
1 TL	Löskaffee
1 TL	Kakao
1 Prise	Zimt
1 Bl.	Gelatine

Karamellsauce

40 g	Kristallzucker
1 Pkg.	Vanillezucker
50 ml	Sahne

Dekor-Vorschläge
frische Früchte, Minzeblätter, essbare Blüten (z. B. von Veilchen, Gänseblümchen, Johannisbeeren, Schlüsselblumen)

APHRODISIERENDE, ANREGENDE UND STÄRKENDE INGREDIENZIEN

VANILLE ... KAFFEE ... KAKAO ... ZIMT

Chili – die scharfe Schote

erhitzend, reizend, stimulierend, anregend

Heißer geht's nicht! Allein schon die anregend sinnlichen Farben der Chilis stimmen vergnüglich. Und die strotzenden Schoten halten, was sie versprechen!
Nach dem Verzehr der Scharfmacher fängt das Blut zu pulsieren an und dem Mund wird so richtig eingeheizt. Durch das feurige „Chili-High" wird der Körper zum Ausstoß von Endorphinen angeregt. Die Folge: Chilis versetzen uns in eine heiter beschwingte Laune – und was könnte der Liebe dienlicher sein als ein feuriges Wohlgefühl?

Mexiko scheint die Wiege der Chiligewächse zu sein. Wer einmal auf einem der unzähligen Märkte war, erkennt sofort die große Bedeutung der Chilis für dieses Land. Ob frisch geräuchert oder in Saucen versteckt, nichts geht hier in der Küche ohne diesen Scharfmacher.
Chili wird in Mittelamerika und in der Karibik schon seit Tausenden von Jahren angebaut und ist eines der wichtigsten indigenen Gewürze.

Die Schärfe

Die Schärfe der Chilischoten wird mit der Scoville-Skala (SCU) gemessen, benannt nach dem Wissenschaftler, der diese Methode 1912 entwickelte. Die höchste Einheit mit 300.000 Scoville erreichen die Habanero-Sorten. Aber Vorsicht, wer nicht regelmäßig scharf isst, empfindet 1000 SCU schon als höllisch scharf.

Inhaltsstoffe

Was wir als Schärfe nach dem Genuss von Chilispeisen empfinden, ist nichts anderes als Verbrennungen. Der Wirkstoff Capsaicin reizt die Schleimhäute, regt die Hitzerezeptoren an und wirkt gefäßerweiternd und wärmend. Capsaicin befindet sich zum Großteil in den Samen und Scheidewänden der Chilis. Neben dem Scharfmacher finden sich in Chilis auch die Vitamine A und C.

Verwendung

Capsaicin wird wegen seiner Wirkung für Pfeffersprays und Tränengas verwendet. Erwähnenswert ist ebenso die rituelle Bedeutung gemahlener Chilis bei den indigenen Völkern als Schnupfpulver. Eines der bekanntesten Produkte aus Chili ist Cayennepfeffer; aus vergorenen Schoten wird die beliebte Würzsauce Tabasco hergestellt.

Umgang mit Chilis

Vermeiden Sie im Umgang mit Chilis den Kontakt mit Schleimhäuten. Zum Schneiden verwenden Sie am besten Handschuhe.
Als Folge des Verzehrs von scharfen Speisen bilden sich Schweißtropfen auf der Stirn, die Nase beginnt zu tropfen, im schlimmsten Fall kann sich auch Nasenbluten einstellen. Überdosierungen sind zu vermeiden. Das höllische Brennen mildert man am besten mit Joghurt, Milch, Brot, Reis oder Bier.

Heißer Vorschlag für die Küche

Sinne schärfender Kakao

je 250 ml	Milch und Wasser
1 TL	Zimt
je 1 Prise	Muskatnuss und Chiliflocken
1	Kardamomkapsel grün
1 TL	Honig
2 EL	bestes Kakaopulver
1	Vanilleschote (Mark)
1–3 EL	Rohrzucker (nach Geschmack)

Den Kakao in die kalte Milch einquirlen, dann gemeinsam mit dem Wasser und sämtlichen Zutaten erhitzen.

Deine venusweichen, auf Rosen
gebetteten Gedanken haben mich zu
Eros-Taten verführt.

Mediterranes Röstgemüse

Amore, amore!

Für zwei Südländische
Zeit bis zur Vollendung: 30 Min.
Marinierzeit: 2 Stunden

Gemüse

1/2	Aubergine
1	Minizucchini
1	gelbe Möhre
1	rote Gemüsepaprika
2	Knoblauchzehen
2	Frühlingszwiebeln

Olivenöl, etwas Zitronensaft
Salz, weißer Pfeffer, Basilikum und Oregano

getoastetes Weißbrot
ev. Buffalo-Mozzarella

Gemüse

Die Aubergine und die junge Zucchini in 3 mm starke Scheiben schneiden, mit Zitronensaft beträufeln und leicht salzen. Die Möhre und den Paprika mit einem Sparschäler von der Schale befreien und in etwa gleich große Scheibchen und Stücke schneiden. Den Knoblauch und die Zwiebeln putzen und achteln. In einer Pfanne 2 EL goldgelbes Olivenöl erhitzen, darin nach und nach sämtliches Gemüse braun anschwitzen. Immer wieder Öl nachgießen, falls notwendig. Dem gebratenen Gemüse 1 TL Zucker beigeben, mit dem vollmundigen Weißweinbalsamessig ablöschen, von der Flamme nehmen. Noch salzen und pfeffern und dann zugedeckt ca. zwei Stunden saftig durchziehen lassen. Vor dem Servieren mit frisch gezupften, mediterranen Kräutern bestreuen. Das Weißbrot toasten und lauwarm zum Gemüse reichen. Falls Sie es noch authentischer lieben, können Sie echten Buffalo-Mozzarella dazu reichen.

APHRODISIERENDE, ANREGENDE UND STÄRKENDE INGREDIENZIEN

ZUCCHINI … PAPRIKA … MÖHRE … KNOBLAUCH … ZWIEBEL … BASILIKUM … PFEFFER

Kalbsschnitzel mit Kartoffeltörtchen

Zarte Versuchung

Kartoffeltörtchen

Geschälte, lauwarme Kartoffeln durch eine Kartoffelpresse drücken, mit Ei, Crème fraîche, Salz und den Gewürzen pikant abschmecken.
Den geschmacklich robusten Mangold in heißem Wasser zwei Minuten blanchieren, gut abtropfen lassen und die steifen Blattachseln ausschneiden. Zwei feuerfeste Förmchen mit flüssiger Butter auspinseln und mit den Mangoldblättern auslegen. Dann mit der cremigen Kartoffelmasse befüllen und obenauf mit Mangoldblättern abdecken. In eine feuerfeste Form heißes Wasser einfüllen und die Förmchen darin bei 180° C garen.

Schnitzel

Zarte Kalbsschnitzel mit Haushaltsfolie bedecken, gefühlvoll von einer Seite klopfen und die Schnitzel in Mehl wenden.
Geschmackvolles Olivenöl erhitzen, Schnitzel einlegen und beidseitig 2 bis 3 Minuten hellbraun braten, salzen und pfeffern, aus der Pfanne nehmen und in Folie gewickelt warmhalten. Schinkenspeck und die Salbeiblätter kross braten und dem Fleisch beigeben.
Den Bratenrückstand mit vollmundigem Wein ablöschen, das Natursafterl, wenn notwendig, nachwürzen und zum Schluss mit mollig weicher Butter abrunden.

Gemüse

Die vollreifen, geschälten und entkernten Tomaten gekonnt in Spalten schneiden, die knackigen Zuckerschoten zuputzen. In heißes Olivenöl Zucker einrieseln lassen und darin das Gemüse bissfest braten. Mit Salz und Pfeffer anmutig würzen.

Für zwei jung Verspielte
Zeit bis zur Vollendung: 1 Stunde

Schnitzel

4 Stk.	dünne Kalbsschnitzel
8 Bl.	hauchdünner Schinkenspeck
8 Stk.	Salbeiblätter
50 ml	Weißwein
1 EL	Butter

Salz, weißer Pfeffer
Olivenöl, etwas Mehl

Kartoffeltörtchen

1 EL	geschmolzene Butter
4 Bl.	Mangold oder Spinat
3	mittlere gekochte Kartoffeln
1	Ei
40 g	Crème fraîche

Muskatnuss, Koriander gemahlen
Salz, weißer Pfeffer

Gemüse

100 g	Zuckerschoten
2	Tomaten, geschält und entkernt
1 EL	Olivenöl
1 TL	Zucker

Salz, Pfeffer

APHRODISIERENDE, ANREGENDE UND STÄRKENDE INGREDIENZIEN

SALBEI ... PFEFFER ... WEISSWEIN ... MUSKATNUSS ... KORIANDER ... TOMATEN

Beerentorte mit Prosecco-Creme

Unwiderstehlich freche Früchtchen

Für zwei „Beerenstarke"
Zeit bis zur Vollendung: 40 Min.
Kühlzeit: mindestens 4 Stunden

Teig

3	Eier
60 g	Kristallzucker
1 Pkg.	Vanillezucker
20 g	geriebene dunkle Schokolade
80 g	glattes Mehl
1 Msp.	Zimt

Fülle

100 g	frische Himbeeren
100 g	Heidelbeeren
150 g	Vanillejoghurt
200 g	Naturjoghurt
150 g	Schafjoghurt
60 g	Staubzucker
5 Bl.	Gelatine
50 ml	Prosecco oder Sekt

Gelee

100 g	frische Himbeeren
2 EL	Zucker
1 EL	Zitronensaft
50 ml	Sekt oder Prosecco
5 Bl.	Gelatine

Biskuit

Den Boden einer kleinen Tortenform (24 cm) mit Backpapier belegen.
Die goldgelben Eier mit dem Zucker und Vanillezucker schaumig rühren. Süße Schokolade raspeln, mit dem Mehl und dem anregend duftenden Zimt in die Masse unterheben.
Cremige Biskuitmasse in die vorbereitete Tortenform gießen und bei 180° C hellbraun backen. Knuspriges Biskuit nach dem Backen in der Form auskühlen lassen. Den Rand mit einer Haushaltsfolie auslegen.

Fülle

Gelatineblätter in kaltes Wasser einlegen.
Sündig süße Früchte von Blättchen befreien, wenn notwendig, behutsam waschen und gut abtropfen lassen. Alle Joghurtsorten und den Zucker miteinander vermengen, dann die Beeren zart unterrühren. Prickelnden Prosecco leicht erwärmen und darin die ausgedrückten Gelatineblätter vollständig auflösen und zur Joghurtmasse geben. Biskuit in der Form belassen und die Creme darauf verteilen.

Himbeergelee

Gelatineblätter in kaltes Wasser einlegen.
Strauchfrische Himbeeren pürieren, durch ein feinmaschiges Sieb streichen, um die Kerne zu entfernen. Roten Himbeersaft in einem Töpfchen mit dem Zucker, Zitronensaft und dem Prosecco einmal aufkochen. Von der Platte nehmen und in der leicht ausgekühlten Flüssigkeit die Gelatineblätter auflösen.
Das zu stocken beginnende Gelee über die Torte gießen und zugedeckt einige Stunden kühl stellen.

APHRODISIERENDE, ANREGENDE UND STÄRKENDE INGREDIENZIEN

EIER ... VANILLEZUCKER ... SCHOKOLADE ... ZIMT ... HIMBEEREN UND HEIDELBEEREN ... PROSECCO

Weintrauben und Wein – Rausch der Sinne

anregend, belebend, enthemmend

Die Weinrebe ist eine der ältesten Kulturpflanzen überhaupt. In China bezeichnet man den Wein auch als Lenzmittel. Wein wird in der Mythologie als Blut des Bacchus (römischer Gott des Weines) beschrieben, welcher der Geliebte und Verbündete der Venus gewesen sein soll.

Wein, als hochgeschätztes Tonikum und Lebenselixier genossen, wärmt, belebt und macht uns locker. Er regt in uns Sinnlichkeit und Freizügigkeit. Der Satz „Ein Gläschen in Ehren kann niemand verwehren" ist darum doppelt weise. Allerdings muss Wein mit Maßen genossen werden, denn sonst kehrt sich der positive Effekt schnell ins Gegenteil um. Vernünftig Liebende wählen die Dosis so, dass die gewollte Erregung anhält und nicht – im schlimmsten Fall – in einem Black-out endet.
Ein Glas gekühlter Prosecco, Sekt oder Champagner wirkt durch das Prickeln auf unseren Geschmacksknospen erregend. Ein Gläschen wohltemperierter kräftiger Rotwein löst nicht nur die Zunge – einer der Inhaltsstoffe ist Anandamin, ein Glückshormone aktivierender Stoff. Die euphorische, Lust fördernde Wirkung des Weines hängt möglicherweise mit der Ausschüttung von Endorphinen zusammen.

Inhaltsstoffe

Frische, sonnengereifte Tafeltrauben schmecken aromatisch-süß, enthalten reichlich Vitamine, sekundäre Pflanzeninhaltsstoffe und wertvollen Traubenzucker.

Wein als Menübegleiter

Mit Weinsorten kann man ganze Lexika füllen, am besten lässt man sich in Fachgeschäften oder Vinotheken von ausgebildetem Fachpersonal beraten, um das jeweilige Dinner perfekt abzurunden.

Erwähnen möchte ich hier noch als Aperitifvorschlag Sherry oder Portwein. Diese werden in speziellen Verfahren hergestellt (jahrelange Lagerung, dadurch Reduktion der Menge) und schmecken dadurch sehr fein aromatisch bis süß. Hochprozentige Brände aus Wein sind Weinbrand, Brandy und Cognac.

Nährwert

100 g frische Weintrauben = ca. 71 kcal
100 g Wein je nach Sorte = 65–80 kcal

Berauschender Vorschlag für die Küche

Weintrauben-Kürbisbowle für zwei

250 ml	süßer Rotwein
100 ml	Läuterzucker (50 g Rohzucker mit 50 ml Wasser aufkochen, auskühlen)
100 ml	Mineralwasser
100 g	kernlose Weintrauben
50 g	gewürfelter gelber Kürbis (Muskat)
50 g	gewürfelte Mango
10 cl	Portwein
1	Zimtstange
3	Gewürznelken

1 Glas Sekt zum Aufgießen
Dekor: Minze, eine Prise Zimt

Alle Zutaten miteinander vermengen und kühlstellen, am besten am Vortag, dann zieht der Alkohol gut in die Früchte ein. Kurz vor dem Servieren mit prickelndem Sekt aufgießen.

Fischterrine mit Basilikumcreme

Einstimmungshäppchen

Terrine

Fisch
Das flussfrische Fischfilet von der Haut befreien und alle Zentimeter einschneiden, leicht salzen, pfeffern und mit wenig Zitronensaft beträufeln. Herzhaftes Olivenöl in einer Pfanne erhitzen, darin das Filet auf einer Seite anbraten, bis es durch, aber noch saftig ist. Das dauert nur einige Minuten. Auf ein Küchenpapier legen und auskühlen lassen.

Zucchini
Die zarten Zucchini waschen, der Länge nach in dünne Streifen schneiden und mit Salz bestreuen. Das austretende Wasser mit Küchenpapier abtupfen. Olivenöl in der Pfanne erhitzen, die halbierte Knoblauchzehe einlegen und die Zucchinistücke beidseitig kurz anbraten. Mit wenigen Spritzern Essig ablöschen und auf Küchenpapier kalt werden lassen.

Fülle
Gelatine in kaltes Wasser einlegen.
Geschälte gelbe Möhre und Petersilienwurzel zerkleinern und in etwas Wasser weichkochen, abseihen und mit der Crème fraîche fein pürieren. Den süßen Wein erwärmen, darin die ausgedrückten Gelatineblätter auflösen. Lauwarm in die Gemüsemasse einrühren. Mit Salz, Chili und Pfeffer stimmig abschmecken.

Fertigstellung
Eine Terrinenform mit Küchenfolie auslegen und mit den Zucchinistücken belegen, dabei jedes Stück leicht überlappen. Die Form zur Hälfte mit der Gemüsemasse auffüllen.
Das Fischfilet zuschneiden, so dass es gut in die Form passt, in gehackten, würzigen Dill eindrehen und in die Form legen. Den Rest der Gemüsefülle obenauf geben. Mit den gartengrünen Zuckerschoten belegen und mit Folie abdecken.
Die raffinierte Terrine zum Stocken für mindestens 4 Stunden in den Kühlschrank stellen.

Basilikumcreme

Duftende Basilikumblätter und anregende Kürbiskerne in einem Mörser gemeinsam mit dem Olivenöl zerreiben, bis eine feine Paste entsteht. Salzen und mit einem Teelöffel Zitronensaft verfeinern.

Für zwei Freunde des Leichten
Zeit bis zur Vollendung: 45 Min.
Kühlzeit: 4 Stunden

Terrine

2 EL	Olivenöl
150 g	Fischfilet (z. B. Wels)
Salz, weißer Pfeffer, Zitronensaft	
1/2 Bd.	Dill
1/2	Knoblauchzehe
einige EL	Olivenöl
1	kleiner, gelber und grüner Zucchini
Salz, Tomaten- oder Rotweinessig	
1	gelbe Möhre oder Karotte
30 g	Petersilienwurzel
1/2 B.	Crème fraîche
50 ml	süßer Weißwein (Muskateller)
3 Bl.	Gelatine
Salz, weißer Pfeffer, Chili	
einige gekochte Zuckerschoten	

Basilikumcreme

2	Handvoll Basilikumblätter
1 EL	Kürbis- oder Pinienkerne
4 EL	Olivenöl
Salz, Zitronensaft	

APHRODISIERENDE, ANREGENDE UND STÄRKENDE INGREDIENZIEN

DILL … MÖHRE … PETERSILIENWURZEL … WEIN … CHILI … PFEFFER … BASILIKUM … KÜRBISKERNE … ZUCCHINI

Muscheln im Gemüse-Weinsud

Salzige Frische aus dem Meer

Gemüsewürfelchen

Sämtliches Wurzelgemüse waschen und schälen. Der Länge nach in Scheibchen (2 mm stark), dann in Streifen (2 mm stark) und danach Würfelchen schneiden. Geschälte Zwiebel und Knoblauch fein hacken.
Kaltgepresstes Olivenöl in einer Pfanne erhitzen, zuerst Zwiebel- und Knoblauchwürfel kurz anrösten, anschließend die bunten Gemüsewürfelchen beigeben. Unter ständigem Rühren knackig weich rösten, mit wenig Wasser (3 EL) ablöschen und leicht salzen.

Getoastetes Weißbrot

Olivenöl in einer Pfanne erwärmen, Knoblauchzehe halbieren und gemeinsam mit den Brotstücken einlegen. Das Weißbrot beidseitig hellbraun toasten, mit grob gemahlenem Meersalz bestreuen und warmhalten.

Muscheln

Geöffnete und an der Schale verletzte Muscheln aussortieren und wegwerfen. Geschlossene Muscheln mit einer Gemüsebürste peinlichst genau bürsten, Bärte (herausstehende Algenfäden) herauszupfen. Ablagerungen an den Schalen mit einem Messer sorgfältig abkratzen. Nochmals unter fließendem Wasser gründlich abspülen.
Den milden Weißwein mit der Suppe, den sinnlichen Safranfäden, der gehackten Zwiebel, der gewürfelten Karotte und der grob gehackten Petersilie in einen ausreichend großen Topf füllen.
Muscheln dazugeben und zugedeckt aufkochen. Den Topf öfters bewegen, damit die Muscheln gleichmäßig gegart werden. Die Garzeit – bis die Muscheln geöffnet sind – dauert nur wenige Minuten (4–6). Muscheln herausfischen, nicht geöffnete wegwerfen und die geöffneten in einer Schüssel warmhalten.
Den Sud durch ein feines Sieb gießen, auffangen, nochmals erhitzen und mit der Butter verfeinern. Kräftig pfeffern, kosten und, wenn notwendig, salzen.
Die köstlichen Muscheln in großen, tiefen Tellern oder Schalen anrichten, mit dem sehr heißen Weinsud begießen und mit den heißen Gemüsewürfelchen bestreuen.
Mit frisch gezupften Petersilienblättern dekorieren, warmes getoastetes Weißbrot im Brotkorb – in einer Stoffserviette eingeschlagen – dazu servieren.

Für zwei Genussverwöhnte
Zeit bis zur Vollendung: 25 Min.

Muscheln

2 kg	Miesmuscheln (Cozze)
2	milde weiße Zwiebeln
1	Karotte
2 Bd.	Petersilie
300 ml	milder Weißwein (Weißburgunder)
200 ml	klare Gemüsesuppe
60 g	Butter

einige Safranfäden
weißer Pfeffer frisch gemahlen

Gemüsewürfelchen

2 EL	Olivenöl
2	Karotten
2	gelbe Möhren
1	kleine Petersilienwurzel
1	weiße Zwiebel
2	Knoblauchzehen

Getoastetes Brot

12	kleine Stücke Weißbrot
4 EL	Olivenöl
1	Knoblauchzehe

frisch gemahlenes Meersalz

Dekor
frische Petersilienblätter

APHRODISIERENDE, ANREGENDE UND STÄRKENDE INGREDIENZIEN

MUSCHELN … KAROTTEN … MÖHREN … WEISSWEIN … SAFRAN … PETERSILIE … ZWIEBEL … PFEFFER

Kaffeeschaum mit kandierten Weinkirschen

Saftige Verlockung

Kandierte Kirschen

Ein größeres Glas mit Schraubverschluss vorbereiten.
Von den prallen, reifen Kirschen die Stiele entfernen und entsteinen.
Den blumigen Rotwein mit dem Zucker und den dufteten Gewürzen aufkochen. Leicht abkühlen und die entsteinten Kirschen damit begießen. Umrühren und über Nacht zugedeckt durchziehen lassen. Am darauffolgenden Tag den aromatisierten Wein wieder abgießen und nochmals aufkochen. Die Kirschen abermals damit begießen und das Glas zuschrauben. Für eine Nacht zum weiteren Durchziehen beiseitestellen.

Kaffeeschaum

Kochtopf mit Wasser und darauf passendes Mixgefäß vorbereiten.
Sattgelbe Eidotter mit dem Zucker und dem ausgekratzten Vanillemark mit dem Handmixer schaumig rühren und auf das heiße Wasserbad setzen. Temperatur zurücknehmen – das Wasser darf nicht kochen, ansonsten flocken die Eidotter aus. Den heißen, anregend starken Kaffee und den Rum nach und nach zugießen. So lange rühren, bis die Masse sehr schaumig und fast heiß ist. Nun vom Topf nehmen und den Mixtopf in kaltes Wasser stellen. Wieder weiterrühren, bis der Kaffeeschaum abgekühlt ist.
Schälchen mit der Creme befüllen, beschwipste Rotweinkirschen zugeben und mit wenig Rotweinsaft übergießen. Mit hübschen Blüten dekorieren und einen duftenden Minzestrauß dazulegen. Gut macht sich auch eine Kirsche mit Stiel.

Tipp: Sollte Ihnen das Kandieren zu zeitaufwändig sein, verwenden Sie einfach Kirschenkompott.

Für zwei Rotbackige
Zeit bis zur Vollendung: 30 Min.
Kirschen kandieren mit Durchziehzeit: 3 Tage

Kirschen (für 1 großes Glas auf Vorrat)

1 kg	Herzkirschen
500 ml	guter Rotwein oder Uhudler (Ursorte)
800 g	Zucker
3	grüne Kardamomkapseln
1	Zimtstange

Kaffeeschaum

3	Eidotter
30 g	Zucker
1	Vanilleschote (Mark)
50 ml	starker heißer Kaffee
2 cl	Rum

Dekor
essbare Blumen und Minzesträußchen

APHRODISIERENDE, ANREGENDE UND STÄRKENDE INGREDIENZIEN

KIRSCHEN ... WEIN ... KARDAMOM ... ZIMTSTANGE ... EIER ... VANILLE ... KAFFEE ... RUM

Basilikum – Balsam für die Seele

anregend, durchblutend und wärmend

Bei dem Gedanken an Basilikum, auch bekannt als Königsbalsam-Kraut, riecht man augenblicklich den Sommer und eine mediterrane Stimmung macht sich breit. Eine sanfte Berührung der Blätter reicht schon aus, um durch die ätherischen Öle stimuliert zu werden. Diese verströmen den süßlich herben Duft, den wir so lieben. Schon zur Zeit des römischen Imperiums spricht man dem appetitanregenden Basilikum eine stärkende Wirkung in Sachen Liebe zu.

Basilikum stammt aus Südasien, wo der Anbau schon seit dreitausend Jahren stattfindet.
Basilikumpflanzen in hübschen terrakottafarbenen Töpfen sind unverzichtbare Kräuter auf Terrassen oder auch am Fensterbrett. Je nach Sorte – von denen es unzählige gibt – duften die Blätter nach Anis, Zimt, Nelken, Zitrone und vielem mehr. Die Samen sind Lichtkeimer; bei der Aussaat werden diese nicht mit Erde bedeckt, sondern nur feucht gehalten.
Buschbasilikum besitzt zarteste Blättchen und ist sehr wüchsig. Rote und gesprenkelte Sorten sehen besonders reizvoll zu Gerichten mit Mozzarella, Hummer, Meeresfrüchten oder Huhn aus.

Inhaltsstoffe und Wirkung

Gerbstoffe und reichlich Vitamine sind unter anderem für die erregende Frische und eine antiseptische Wirkung des Basilikums verantwortlich. Außerdem wirkt das durchblutende und wärmende Kraut stärkend auf unser Immunsystem.

Verwendung

Die durchblutenden und wärmenden Eigenschaften des Krautes entfalten sich durch Zugabe als ätherische Öle in Parfüms und Kosmetika. Aber auch in Rezepturen für Liebesgetränke – mit Wein als Grundlage – schätzt man die Basilikumpflanze seit jeher.

Nährwert

1 EL (5 g) = ca. 2 kcal

Anregender Vorschlag für die Küche

Pesto

2 Handvoll	Basilikumblätter
1 Handvoll	Petersilienblätter
2 EL	Pinien- oder Walnusskerne
1 EL	Parmesan
50 ml	Olivenöl
Salz	

Saftgrüne Kräuterblätter und Kerne in einem Mörser zerreiben, den Parmesan und so viel Olivenöl zugeben, dass eine sämige Paste entsteht. Nach Geschmack salzen.
Das vollmundige Pesto schmeckt köstlich zu Pasta und jeglichen italienischen Vorspeisenvariationen.

Pfeffrige Tomatensuppe

Höllisch heißes Vorspiel

Tomatensuppe

In einem Topf das satte Olivenöl erhitzen, darin würfelig geschnittenen Knoblauch und Zwiebel kurz anrösten und mit Wasser und wärmendem Tomatensaft aufgießen.
Vollreife Tomaten vom grünen Stielansatz befreien und vierteln, Paprika ebenfalls in Stücke schneiden und alles gemeinsam mit den Pfefferkörnern zur gerösteten Zwiebel und zum Knoblauch zugeben. Etwas salzen und 10 Minuten köcheln lassen. Dann den Suppenansatz in einem Aufsatzmixer pürieren. Die pikante Masse durch ein feines Sieb streichen, kosten und, wenn notwendig, nachsalzen.
Ein hauchdünnes Strudelblatt mit verquirltem Ei bestreichen, das zweite daraufsetzen. Wieder mit Ei bepinseln und nochmals zusammenfalten. Jetzt sind 4 Lagen Strudelteig übereinander geschichtet. Die Oberseite bepinseln und mit den nussigen Mandelsplittern oder Sesam und grobem Meersalz bestreuen. Nun der Breite nach in Streifen schneiden und bei 200° C hellbraun backen.
Die feurig-fruchtige Suppe mit reichlich frisch geschrotetem Pfeffer bestreuen und die Strudelteig-Cracker dazu reichen.

Für zwei Scharfe
Zeit bis zur Vollendung: 20 Min.

Tomatensuppe

2 EL	Olivenöl
1	Knoblauchzehe
1	Schalotte
100 ml	Tomatensaft
100 ml	Wasser
400 g	sehr reife Tomaten
1/2	rote Gemüsepaprika
1 TL	bunte ganze Pfefferkörner
Salz	

Garnierung

2	Strudelteigblätter
1	Ei
1 EL	Mandelsplitter oder Sesam
grobes Meersalz	

Dekor

Kräuterblättchen, z. B. Basilikum, Oregano, Thymian oder Koriander

APHRODISIERENDE, ANREGENDE UND STÄRKENDE INGREDIENZIEN

TOMATENSAFT ... TOMATEN ... PFEFFER ... EI ... MANDELN ... BASILIKUM ... KORIANDER

Teigtascherln auf Gemüsestreifen

Heiß begehrte Nudelvariation

Teig

Das Mehl mit den frischen Eiern und einer Prise Salz zu einem geschmeidigen, glatten Teig verkneten. In Folie einschlagen und eine halbe Stunde warten lassen.

Fülle

Die geschälte, gekochte Kartoffel fein reiben und mit den restlichen Zutaten gut verbinden.

Gemüse

Das appetitliche Gemüse waschen, die Wurzeln schälen. Alles der Länge nach in 2 mm starke Scheiben schneiden und danach in gleichmäßig feine Streifen (Julienne) stifteln.
Einen großen Topf mit Salzwasser zustellen.
Den Nudelteig auf einer bemehlten Arbeitsfläche sehr dünn ausrollen, mit einer runden Kecksform von 6 bis 8 cm Durchmesser Kreise ausstechen und einen Klecks von der saftigen Fülle darauf portionieren. Den Teigrand mit Wasser benetzen (mit befeuchteten Fingern), zusammenklappen und fest andrücken. Die gefüllten Nudeltascherln ins kochende Salzwasser einlegen und einige Minuten bissfest kochen. Mit einer Schöpfkelle herausfischen, in etwas geschmolzener Butter schwenken und warmstellen.
Das Olivenöl in einer Pfanne erhitzen, darin das farblich anregende Streifengemüse anrösten (sollte noch knackig sein), dann das Gemüse auf einen Teller geben. Den Röstrückstand mit Suppe und Sahne ablöschen, mit Salz und Pfeffer, Muskatnuss und wenig Koriander verfeinern. Die Sauce ein wenig einreduzieren lassen, dann das Gemüse und die gefüllten Tascherln dazugeben.
Die Nudelvariation auf extravaganten Tellern anrichten und mit streifig geschnittenen Blüten bestreuen.

Für zwei Verehrer der Pasta
Zeit bis zur Vollendung: 1 Stunde

Teig

200 g	griffiges Mehl
2	mittlere Eier
Salz	

Fülle

100 g	Magertopfen
1	große, gekochte Kartoffel
20 g	Parmesan
1 TL	gehackte Minze oder Petersilie
1 EL	geschmolzene Butter zum Schwenken
Salz, Pfeffer, Muskatnuss	

Gemüse

1 EL	Olivenöl
1	Karotte
1	rote Karotte
1	gelbe Möhre
1	grüne Minizucchini

Sauce

1/16 l	klare Gemüsesuppe
1/16 l	Sahne

ein Hauch gemahlener Pfeffer, Muskatnuss, Koriander

Dekor

streifig geschnittene Zucchini- oder Kürbisblüten

APHRODISIERENDE, ANREGENDE UND STÄRKENDE INGREDIENZIEN

EIER … TOPFEN … KAROTTEN … MÖHRE … ZUCCHINI … MINZE ODER PETERSILIE … MUSKATNUSS … PFEFFER … KORIANDER

Avocadoparfait mit Kürbiskernkaramell

Kühlendes an heißen Tagen

Parfait

Das ganze Ei mit dem Zucker, dem anmutigen Vanillezucker und einer Messerspitze orientalischem Piment über Wasserdampf warmschlagen und anschließend die Schüssel in kaltes Wasser stellen. Die sämige Eimasse weiterrühren, bis sie wieder abgekühlt ist.
Die reife Avocado halbieren, den Kern entfernen und mit einem Esslöffel das Fruchtfleisch herauslösen. Sofort mit Limettensaft und dem Likör beträufeln. Das verhindert, dass sich das Avocadofleisch braun verfärbt. Nun fein pürieren und die Avocadopaste durch ein feinmaschiges Sieb streichen und unter die Eimasse ziehen.
Die Sahne halbsteif schlagen und zur apart hellgrünen Masse geben. In zwei Formen füllen und mindestens vier Stunden tieffrieren.

Kürbiskernkaramell

Den Zucker in einem Töpfchen hellbraun schmelzen und die gehackten Kürbiskerne unterrühren. Den süßlichen Zimt und den köstlich duftenden Kaffee zum Aromatisieren beigeben. Nun die höllisch heiße Masse vorsichtig auf ein Backpapier aufstreichen. Nach dem Erkalten in gefällige Stücke brechen.

Fruchtsauce

Die Himbeeren mit dem Zucker und Vanillezucker erhitzen und lauwarm zum Parfait servieren. Wer die Fruchtkerne nicht mag, streicht die Himbeersauce durch ein feinmaschiges Sieb.

Him- und Heidelbeeren abwechselnd auf Spieße auffädeln und mit dem Kürbiskernkaramell zum Parfait reichen.

Für zwei Sonnenverwöhnte
Zeit bis zur Vollendung: 30 Min.
Einfrierzeit: mind. 4 Stunden

Parfait

1	Ei
30 g	Staubzucker
1 Pkg.	Bourbonvanille
2 cl	Orangen- oder Mandellikör
1	reife Avocado
1 Msp.	gemahlener Piment
1/2	Limette (Saft)
50 ml	Sahne

Kürbiskernkaramell

30 g	Kristallzucker
30 g	gehackte Steirische Kürbiskerne
1 Msp.	Zimt und Kaffeepulver

Fruchtsauce

200 g	Himbeeren
2 EL	Staubzucker
1 Pkg.	Bourbonvanille

Dekor
Heidelbeeren, Himbeeren und Minze

APHRODISIERENDE, ANREGENDE UND STÄRKENDE INGREDIENZIEN

AVOCADO ... VANILLEZUCKER ... PIMENT ... LIKÖR ... EI ... KÜRBISKERNE ... HIMBEEREN ... ZIMT ... KAFFEE

Avocado – die Butter des Waldes

kräftigend

Rein nach dem Äußeren beurteilt, gibt die Avocado nicht viel her und wirkt ein bisschen „anders". Erst nach dem Halbieren mit einer scharfen Klinge offenbart sie uns ihr wertvolles Inneres raffiniert exotisch. Ausgereifte Avocados überzeugen durch buttrig weiches, urwaldgrünes Fleisch, das sich um einen riesig großen Kern hüllt. Man wird ermuntert, sie zu kosten.
Allerdings bedarf das hochwertige Avocadofleisch einer kräftigen Würze. Zitronen- oder Limettensaft muss sofort ans Fleisch, denn braune, unschöne Verfärbungen durch Oxidation werten jede noch so liebevoll zubereitete Kreation ab.

Angebaut und kultiviert werden Avocados in den Tropen beziehungsweise Subtropen. Avocados, vermutet man, wurden auf der mexikanischen Halbinsel Yucatan schon von den Mayas kultiviert. Die Bäume werden bis zu achtzehn Metern hoch. In Mexiko finden auch die Blätter des Avocadobaumes in der Küche ihre Verwendung, nämlich als Wickelpapier oder getrocknet und zerrieben zu Eintöpfen und gegrilltem Fleisch. Ihr Duft verströmt eine leichte Note von Anis und Süßholz.

Inhaltsstoffe

Die vielen positiven Inhaltsstoffe, unter anderem die Vitamine B1, B2 und E, Magnesium sowie der hohe Eiweißgehalt, sind wie Balsam für Herz und Gefäße.
Da Avocados stärkend wirken und Wohlbefinden vermitteln, werden sie zu den Lebensmitteln gezählt, die sexuelles Interesse wecken.

Kochen mit Avocado

Avocadofleisch kann pikant und süß zubereitet werden, darf allerdings nicht gekocht werden. Durch das Kochen wird es bitter und für unsere verwöhnten Gaumen ungenießbar.
Die kleinen schwarzvioletten Sorten schmecken unvergleichlich nussig und cremig. Sollten Sie diese eher selten angebotene Avocadosorte am Markt bekommen, greifen Sie schnell zu.

Nährwert

100 g = 170–230 kcal

Cremiger Vorschlag für die Küche

Avocadocreme als Dip (für Tacos)

1	reife Avocado
1/8 l	Sauerrahm
1/2	Limette (Saft)

Salz, Chiliflocken

Avocado halbieren, den Stein entfernen und das Fruchtfleisch mit einem Löffel herausheben, sofort mit dem Limettensaft marinieren und mit einer Gabel zerdrücken. Die restlichen Zutaten beigeben und kräftig würzen.

Frischkäsekugeln mit Zucchinischeiben

Inszenierung mit Leichtigkeit

Zucchini

Glänzende Zucchini waschen und in Scheiben von 3 mm Stärke schneiden. Das würzige Olivenöl in einer Pfanne erhitzen, die halbierten Knoblauchstücke einlegen. Darin bei mittlerer Hitze die Zucchinischeiben beidseitig hellbraun anbraten. Alle gebratenen Gemüsestücke auf Küchenpapier zum Abtropfen legen und salzen.
Im Bratrückstand das dünn geschnittene Weißbrot knusprig braten.
Dunklen Balsamico in einem Pfännchen aufkochen, auf die halbe Menge einreduzieren und zum Auskühlen beiseitestellen.

Käsekugeln

Auf der Zunge zergehenden Frischkäse mit einem Kaffeelöffel portionieren und mit feuchten Händen zu kleinen Kugeln formen. In die Mitte eine halbierte Nuss mit einschließen. Pro Teller formen Sie vier Kugeln, davon werden drei in geriebenen Kürbiskernen gewälzt und eine Kugel mit einer halbierten Nuss belegt.

Gebratene Zucchinischeiben auf den Teller legen und mit getrockneten Tomatenstücken bestreuen. Deliziöse Käsekugeln dazulegen, eingekochten Balsamico darüberträufeln und mit einigen Tropfen nativem Olivenöl abrunden. Zerzupfte, sommerlich duftete Kräuterblätter als Garnierung darüberstreuen. Als Beilage servieren Sie das knusprige Weißbrot.

Für zwei Weichherzige
Zeit bis zur Vollendung: 15 Min.

Zucchini

4 EL	Olivenöl
1 Stk.	Zucchini
2	Knoblauchzehen
60 ml	Balsamessig

frisch geriebenes Meersalz,
einige getrocknete Tomaten
dünne Scheiben Weißbrot

Käsekugeln

150 g	Frischkäse oder Brimsen (Schaffrischkäse)
2 EL	geriebene Steirische Kürbiskerne
10 Stk.	halbierte Walnüsse

einige Esslöffel gutes Olivenöl

Dekor

ein Sträußchen Basilikum und Oregano

APHRODISIERENDE, ANREGENDE UND STÄRKENDE INGREDIENZIEN

ZUCCHINI ... KNOBLAUCH ... TOMATEN ... KÜRBISKERNE ... BASILIKUM ... OLIVENÖL ... BALSAMESSIG

Hasenkeule mit Kapernsauce und Gemüseroulade

Wilde Komposition zum Beglücken

Hasenkeule

Die Keulenstücke salzen, pfeffern und kräftig mit Dijonsenf einmassieren. Das Maiskeimöl in einer Pfanne erhitzen und das Fleisch schön braun anbraten. Mit dem malzigen Bier und der Suppe aufgießen und die geschmacksverbessernden Aromaten einlegen. Im Backofen bei 160° C etwa 40 Minuten weichgaren. Ofenfrisch gebratenes Fleisch in Folie einschlagen und warmstellen.
Für die Sauce das Mehl in die kalte Sahne einrühren und dem Bratensaft beigeben. Aufkochen lassen, verkosten und, wenn notwendig, mit Salz und Pfeffer nachwürzen. Vor dem Anrichten die erfrischenden Kapern beigeben.

Gemüseroulade

Gekochte Kartoffeln schälen, fein reiben oder pressen und mit allen Zutaten zu einem geschmeidigen Teig kneten. Auf einem Stück Backpapier zum Rechteck ausrollen.

Fülle

Den goldgelben Zuckermais aus der Dose abtropfen lassen und grob hacken. Sämtliche Zutaten abmischen und auf dem Kartoffelteig verteilen. Einrollen, obenauf mit Eiweiß bestreichen und mit dem nussigen Sesam bestreuen. Im Rohr bei 160° C goldgelb backen.

Für zwei Wiesenfeger
Zeit bis zur Vollendung: 1 Stunde

Hase

3 EL	Maiskeimöl
2 Stk.	hintere Hasenkeulen
150 ml	Bier und klare Gemüsesuppe

Dijon-Senf, Salz, Pfeffer

Aromaten zum Mitbraten

1	Karotte
1	kleine Zwiebel
1	Selleriescheibe
1	Lauchstück
1 TL	getrocknete Pilze

Lorbeerblatt, Liebstöckelsträußchen, franz. Estragon

Sauce

50 ml	Sahne
1 TL	Mehl
1 EL	Kapern

Rouladenteig

300 g	gekochte Kartoffeln
1	Ei
50 g	Vollkornmehl
1 EL	Weizengrieß

Salz, Muskatnuss

Fülle

100 g	Zuckermais und Zucchiniwürfel
2 EL	gekochte Selleriewürfel
1	Eidotter
1 EL	Sauerrahm
50 g	Weißbrotbrösel
1	Eiweiß zum Bestreichen
2 EL	Sesam zum Bestreuen

Salz, frischer Thymian

APHRODISIERENDE, ANREGENDE UND STÄRKENDE INGREDIENZIEN

WILDFLEISCH ... DIJONSENF ... PFEFFER ... KAROTTE ... SELLERIE ... LIEBSTÖCKEL ... EI ... KAPERN ... ZUCCHINI ... MUSKATNUSS ... SESAM

Exotisch flambierte Früchte

Freche Früchte in feuriger Liaison

Flambierte Früchte

Paradiesische Papaya und die reifen Bananen sorgfältig schälen, Papaya halbieren, mit einem Löffel die schwarzen Kerne auskratzen und in Würfel schneiden. Bananen in dicke Scheiben teilen und mit dem Limettensaft marinieren. Die saftigen Orangen filetieren: zuerst großzügig schälen, es darf keine weiße Haut am Fruchtfleisch bleiben, dann mit einem Gemüsemesser das Fruchtfleisch zwischen den bitteren Scheidenwänden herauslösen.
Sternfrüchte in 2 mm starke Scheiben schneiden.
Den Zucker in einer Pfanne schmelzen und zartbraun karamellisieren, zuerst Papayawürfel und Sternfruchtscheiben, dann Bananen und die Orangenfilets beigeben. Kurz durchschwenken und die Temperatur zurücknehmen. Die Früchte dürfen auf keinen Fall verkochen. Mit braunem Rum begießen und flambieren. Aufpassen – verwenden Sie hierfür lange Streichhölzer, damit der Abstand zur Flamme größer ist.
Zum Schluss mit dem verführerisch duftenden Vanillemark parfümieren.
Sehr heiß auf Desserttellern anrichten, mit rosa Pfeffer bestreuen und – genießen.

Für zwei Feuertänzer
Zeit bis zur Vollendung: 10 Min.

Früchte

2 EL	brauner Zucker oder Palmzucker
2	kleine Bananen
1 TL	Limetten- oder Zitronensaft
2	Sternfrüchte
1	Papaya
2	Navelorangen
1/2	Vanilleschote (Mark)
4 cl	brauner Rum (60 oder 80 %)

Dekor
rosa Pfefferkörner

APHRODISIERENDE, ANREGENDE UND STÄRKENDE INGREDIENZIEN

BANANE ... PAPAYA ... RUM ... VANILLESCHOTE ... ROSA PFEFFER

Muskatnuss – die betäubende Frucht

stark anregend, berauschend

Lassen Sie sich nicht täuschen! Die unscheinbar graubraunen Samenkerne der Muskatnuss haben es wahrlich in sich. Muskatnuss schärft die Sinne, wirkt gemütsaufhellend und ist seit alters her in Asien und Europa als Aphrodisiakum bekannt.

Der Muskatbaum, ein immergrünes, bis zu achtzehn Metern hohes tropisches Lorbeergewächs, trägt bis zu zweitausend aprikosenähnliche Früchte pro Jahr. Nach dem Entfernen der äußeren Fruchthülle zeigt sich die harte Samenschale, umhüllt vom orange-rosa Samenmantel. Jener Mantel ist ebenso als Gewürz unter dem Namen Macis oder Muskatblüte im Handel erhältlich. Nach dem Trocknen wird die schwarzbraune Samenschale geknackt und der wertvolle Samenkern, die eigentliche Muskatnuss, herausgelöst.

Als Gewürz frisch gerieben, verwenden wir nur kleine Mengen davon in unseren Gerichten. Aromatisch feurig, nach Nelke duftend, zart bittersüß und gespickt mit einer leichten Holznote verleiht die Muskatnuss sowohl pikanten als auch süßen Speisen eine besondere Nuance.

Die Muskatnuss kommt aus Westindien, Brasilien, Madagaskar und Mauritius. Der Handel mit dem sehr teuren Gewürz geht bis ins sechste Jahrhundert zurück.

Vorsichtige Dosierung

Überdosierungen rufen halluzinogene Rauschzustände hervor, sind auf jeden Fall zu vermeiden und können die Gesundheit beeinträchtigen. In Verbindung mit Alkohol wird diese Wirkung noch verstärkt. Die Muskatnuss wird deshalb auch betäubende Frucht genannt.

Verwendung

Früher legte man Muskatblüten in Wein ein und trank dies als Libido anregendes Getränk. Eine alte Volksweisheit dazu lautete: „Muskatnuss im Wein und du bist mein!"

Die Muskatblüte harmoniert gut mit würzigen Fleischgerichten, Eintöpfen und Suppen. Muskatnuss ist ein unverzichtbares Gewürz in Curry- und vielen anderen Gewürzmischungen. In Kartoffelgerichten beinahe ein Muss, ist Muskatnuss in unzähligen Gemüsegerichten ein geschmackunterstützendes Gewürz. Aber auch Süßspeisen und Weihnachtsgebäck werden häufig damit aromatisiert.

Muskatnüsse sind im Ganzen – also ungemahlen – fast unbegrenzt haltbar.

Erheiternder Vorschlag für die Küche

Belebender Cocktail (1 Glas)

150 ml Gemüsecocktailsaft
1 Msp. frisch gemahlener Muskat
frisch gemahlener schwarzer Pfeffer
Zitronensaft, Minze & Petersilienblätter

Alle Zutaten gut vermengen und anschließend aus hübschen Cocktailgläsern schlürfen.

Nun liegen wir hier
auf unserer Picknickdecke,
inmitten verwirrend
riechender Sträucher –
und ich kann mich nicht entscheiden,
was ich mehr liebe:
die leckeren Häppchen oder
deine süß schmeckenden Küsse.

Gemüsecrostinis

Raffiniert schlichte Happen

Brot

Das fruchtig duftende Olivenöl erhitzen und die halbierte Knoblauchzehe zum Parfümieren einlegen, die weichen Brotstücke von beiden Seiten kross anbraten.

Gemüsebelag

Auberginenscheiben mit dem sauren Zitronensaft einmarinieren. Die Karotte schälen und in kleinste Würfelchen schneiden. Violette Auberginenstücke, die knackfrische Zucchini und den würzigen Staudensellerie in der gleicher Größe wie die Karottenwürfel schneiden.

Olivenöl in einer Pfanne erhitzen, darin zuerst die Karotten, dann Zucchini- und Staudenselleriewürfel und zu guter Letzt die Auberginen anbraten. Das Gemüse soll noch Biss haben.

Mit den sinnlich dufteten Kräutern verfeinern, salzen und pfeffern.

Die knusprigen Brötchen mit der lauwarmen Gemüsekomposition belegen, Minitomaten und krause Petersilienblätter fürs Auge hübsch dazuarrangieren.

Für zwei Flotte
Zeit bis zur Vollendung: 20 Min.

Brot

2 EL	Olivenöl
1	Knoblauchzehe
8 Stk.	entrindetes Weißbrot (z. B. Reihensemmel)

Belag

4 EL	Olivenöl
3	Auberginenscheiben (1/2 cm stark)
1/2	Zucchini (gelb)
1	Karotte oder gelbe Möhre
10 cm	Staudensellerie (zartes Inneres)

einige Tropfen Zitronensaft
Salz, Pfeffer, Petersilie, Basilikum

APHRODISIERENDE, ANREGENDE UND STÄRKENDE INGREDIENZIEN

OLIVENÖL ... AUBERGINE ... ZUCCHINI ... KAROTTE ... STAUDENSELLERIE ... PFEFFER ... PETERSILIE ... BASILIKUM

Ochsenschlepp mit Polenta und Möhrenstroh

Traditionsbewusstes aus Treue

Ragout

Die gewaschenen und gut abgetrockneten rustikalen Ochsenschleppstücke salzen und in Mehl wenden. Das Olivenöl in einer Kasserolle erhitzen und die Fleischstücke von jeder Seite braun anbraten. Nun das bunte Suppengemüse, das Tomatenmark, die Aromaten und die gesunden Kräuter zugeben und kurz mitrösten. Danach mit dem vollmundigen Rotwein ablöschen. Unter oftmaligem Umrühren 2,5 bis 3 Stunden köcheln lassen. Immer wieder die verdampfende Flüssigkeit durch Wasser ergänzen.
Wenn der herzhafte Ochsenschlepp weich ist, wird das Fleisch von den Knochen gelöst.
Die Sauce verkosten, sie sollte eine sämige Konsistenz aufweisen, Wurzelgemüse und -grün entfernen, wenn notwendig, nachwürzen.
Die köstlich weichen Fleischstücke in die Sauce legen und warmhalten.

Polenta

Die Butter in einem Topf schmelzen, darin den goldgelben Maisgrieß leicht anschwitzen und mit heißer Suppe aufgießen. Die Temperatur auf ein Minimum zurücksetzen, frisch gemahlenen Koriander und Muskatnuss beigeben und unter ständigem Umrühren cremig dick einkochen lassen.

Möhrenstroh

Die erdfrische Möhre und Karotte fein raffeln und zwischen zwei Stück Küchenpapier gut ausdrücken. Frittierfett erhitzen, darin die Gemüseraspeln knusprig-hellbraun frittieren, danach auf Küchenpapier zum Abtropfen legen.
Teller vorwärmen, mit zwei feuchten Esslöffeln Polentanockerln formen und auf die Teller setzen. Ragout beifügen und mit dem Möhrenstroh und einem Blatt Selleriegrün dekorieren.

Für zwei Rassige
Zeit bis zur Vollendung: 3 Stunden

Ragout

3 EL	Olivenöl
1 kg	Ochsenschlepp (dicke Stücke)
2 EL	Mehl
Salz	
1 Bd.	Suppengemüse
1	Schalotte
2	Knoblauchzehen
2	Lorbeerblätter
1 TL	Tomatenmark
300 ml	Rotwein
1	Liebstöckelsträußchen
1 TL	bunte Pfefferkörner

Wasser nach Bedarf
Petersilien- und Selleriegrün
getrockneter Majoran und Thymian

Polenta

1 EL	Butter
100 g	feiner Maisgrieß
250 ml	klare Gemüsesuppe
1 Prise	gemahlener Koriander und Muskatnuss

Möhren- und Karottenstroh

1	gelbe Möhre
1	Karotte

etwas Frittierfett

Dekor
Selleriegrün

APHRODISIERENDE, ANREGENDE UND STÄRKENDE INGREDIENZIEN

SUPPENGEMÜSE ... PETERSILIEN- UND SELLERIEGRÜN ... LIEBSTÖCKELBLÄTTER ... PFEFFERKÖRNER ... ROTWEIN ... MAISGRIESS ... KORIANDER ... MUSKATNUSS ... KAROTTE ... MÖHRE

Koriander – die chinesische Petersilie

anregend, nervenberuhigend, erwärmend

Die einen lieben das frischgrüne, scharfbittere Korianderkraut – das Grün der Pflanze –, die anderen verweigern es. Viele finden das Aroma sogar abstoßend und vergleichen es mit Wanzengeruch. Jene, die danach süchtig sind, beschreiben es als nussig-warm und nach Zitronen, Salbei und Ingwer duftend.
Korianderkörner hingegen verströmen geröstet und frisch gestoßen einen betörend süßen, leicht nach Orangenschalen duftenden Geruch. Den Venuspflanzen zugeordnet, regen die wohlriechenden Düfte den Spermienfluss an. Schon Dioskurides (1. Jh. n. Chr.) empfahl, Korianderkörner – in Wein angesetzt – zur Vermehrung der Samen zu trinken.

Die Herkunft der Korianderpflanze, so nimmt man an, ist der Mittelmeerraum und Vorderasien. Koriander wird weltweit angebaut.

Verwendung

Korianderkraut wird mit Vorliebe im asiatischen und lateinamerikanischen Raum in großen Mengen zum Würzen verwendet und erfreut sich enormer Beliebtheit. Das Mitkochen des Krautes sollte vermieden werden, die angenehm würzige Frische ist hier oberstes Gebot.
Korianderkörner haben auch in unserer Küche seit jeher ihren Platz. Als Brotgewürz, im Lebkuchengewürz und in unzähligen Currymischungen verborgen, peppen sie Speisen und Gebäck auf. Die wohlriechenden ätherischen Öle regen an und wirken nebenbei verdauungsfördernd. Als Beigabe zu Liebesgetränken und Räucherungen wird Koriander als besonders sexuell stimulierend eingestuft.

Inhaltsstoffe

Sowohl Kraut als auch Samen des Korianders enthalten lichtempfindliche ätherische Öle. Daneben sind die vielen Mineralstoffe sowie Calzium und Phosphor erwähnenswert.

Koriander wirkt krampflösend, appetitanregend und antibakteriell.

Würziger Vorschlag für die Küche

Erikas Gewürzmischung für Brot (für 1 kg Mehl)

1 EL	Korianderkörner
1 EL	Fenchelsamen
1 TL	Anis
2 EL	Kümmel
1 EL	Leinsamen

Alle Gewürze in einer Pfanne ohne Fett anrösten, bis sie zu duften beginnen. In einem Mörser grob zerstoßen oder mit einer elektrischen Mühle grob mahlen.

Nudelsalat mit Süßwasserkrebsen

Kulinarischer Flusszauber

Tomatenessenz

Zuerst wird aus 1 kg vollreifer Tomaten der Saft gewonnen. Dazu werden die Tomaten gewaschen und gequetscht. Den austretenden, fast klaren Saft lässt man durch ein Sieb fließen. Das feste, zurückbleibende Tomatenfleisch können Sie als Basis für eine Suppe oder ein Sugo verwenden.
Den braunen Zucker schmelzen lassen und mit 200 ml Tomatensaft ablöschen, nun den Essig und ein wenig Salz beigeben. Die Flüssigkeit einreduzieren, bis die Masse dickflüssig ist.

Salat

Die satt-grüne Avocado halbieren, durch eine Drehbewegung auseinanderlösen und den mächtigen Kern entfernen. Das buttrige Fruchtfleisch sofort mit Limettensaft beträufeln, damit es die zartgrüne Farbe behält. Avocadofleisch mit einem Löffel aus der Schale herauslösen und in Stücke zerteilen. Von der krachenden Staudensellerie die Fäden abziehen (wie beim Rhabarber) und in 1 cm lange Stücke zerschneiden.
Al dente gekochte Spiralnudeln, leicht bekömmliche, orangerote Flusskrebse und die vorbereiteten Zutaten miteinander vermischen, pfeffern und mit der Tomatenessenz marinieren. Eventuell nachsalzen.
Roter Chili, fein geschnitten, verleiht diesem hoch aromatischen Salat den letzten Schliff.

Für zwei Unbeschwerte
Zeit bis zur Vollendung: 10 Min.

Salat

150 g	gekochte Süßwasserkrebse
1 kl.	reife Avocado
Limettensaft	
150 g	gekochte Nudeln (Spiralen)
100 g	Staudensellerie
weißer Pfeffer, Chili	

Marinade: Tomatenessenz

200 ml	klarer Tomatensaft
50 ml	Rotweinessig
2 EL	brauner Zucker
etwas Salz	

Ersatzvariante für die Tomatenessenz
auf die halbe Menge einreduzierter heller Balsamessig

APHRODISIERENDE, ANREGENDE UND STÄRKENDE INGREDIENZIEN

SÜSSWASSERKREBSE ... AVOCADO ... STAUDENSELLERIE ... PFEFFER ... CHILI ... TOMATEN

Paella

Wärmendes für die Sinne

Paella

Die betörend roten Safranfäden in einem Esslöffel kaltem Wasser ansetzen.
Das schonend gepresste Olivenöl in einer Gusspfanne erhitzen, den Reis, den gehackten Lauch, die geschälten und zerquetschten Knoblauchzehen zugeben. Nun rösten, bis der Reis glasig wird, den gefärbten Safranansatz beigeben und mit so viel Suppe aufgießen, dass der Reis etwa 3 cm hoch bedeckt ist. Umrühren und die Temperatur bis aufs Minimum zurückdrehen.
Die Tomaten schälen, von den Kernen befreien und klein würfeln. Süßwürzigen Paprika ebenfalls entkernen und würfeln und in die Pfanne geben. Lorbeerblätter zum Verstärken des Aromas hinzufügen.
Wenn notwendig, die Flüssigkeit mit Suppe ergänzen. Einige Minuten vor dem Garende das gekochte Gemüse unterrühren. Der Reis sollte noch ein wenig Biss haben, darf aber auf keinen Fall patzig sein.

Fisch-Gemüse-Beigabe

Die Muscheln sorgfältig unter fließendem Wasser bürsten, die geöffneten aussortieren und wegwerfen. Die Riesengarnelen vom Panzer befreien – nur am Schwanzende belassen. Die glitschigen, zugeputzten Tintenfische auch klein portionieren. Das Forellenfilet in 3 cm breite Streifen schneiden.
Olivenöl in einem Topf erhitzen, die Muscheln einige Minuten zugedeckt weich dünsten und leicht salzen. Den Topf immer wieder bewegen. Alle ungeöffneten peinlich genau entfernen, die guten Muscheln dem Reis untermischen.
Forellenfilet gemeinsam mit den Tintenfischen und Riesengarnelen in einer Pfanne kurz braten und salzen, in die safrangelbe Paella geben und vorsichtig unterrühren.
Paella entweder in der Pfanne belassen und mit Zitronenscheiben und gehackter Chilischote garnieren oder in maurisch bunten Schüsseln anrichten.

Dank an meinen lieb gewonnenen Akademiekollegen Guzman Huerta für die Rezeptanleitung!

Für zwei Flamencotänzer
Zeit bis zur Vollendung: 45 Min.

Paella

2 EL	Olivenöl
180 g	Langkornreis
2 EL	gehackter Lauch
2	Knoblauchzehen
2	Fleischtomaten
1	roter Paprika
8–10	Fäden Safran
1/2 l	Hühner- oder Gemüsesuppe zum Aufgießen

einige Lorbeerblätter, Salz

Fisch-Gemüse-Beigabe

1 EL	Olivenöl
1 kg	Muscheln
200 g	Lachsforellenfilet
60 g	Tintenfische
4	Riesengarnelen
200 g	gekochte Mischgemüse (z. B. Erbsen, Zuckerschoten, gelbe Möhre, Broccoli, Bohnschoten)

Pfeffer, Salz

Garnierung

Zitronenscheiben, gehackte Chilischote

APHRODISIERENDE, ANREGENDE UND STÄRKENDE INGREDIENZIEN

TOMATE … SAFRAN … MUSCHELN … GARNELEN … TINTENFISCHE … GEMÜSE … PFEFFER … CHILI

Grießknödelchen mit Mangomus und Schokosauce

Sündhaft Süßes für danach

Grießknödelchen

Das dottergelbe Ei mit dem Weizengrieß verrühren und 10 Minuten ziehen lassen. Alle Zutaten gemeinsam zu einer glatten Masse verarbeiten.
In einem Topf Wasser zum Kochen bringen und salzen. Aus der zarten Topfenmasse mit feuchten Händen kleine Knödelchen formen und ins Wasser gleiten lassen. Schonend 10 bis 15 Minuten ziehen lassen. Das Wasser sollte während der Garzeit nicht kochen, sondern nur leicht in Bewegung sein.
Butter in einer Pfanne schmelzen, darin die reschen Weißbrotbrösel hellbraun rösten, den Vanillezucker und die gehackten Kürbiskerne einstreuen. Die Knödelchen rundherum mit Hingabe in der süßen Panade wälzen.

Mangomus

Die sinnlich-orange Mango schälen, das Fruchtfleisch vom Kern schneiden und mit dem Limettensaft marinieren. Das Mangofruchtfleisch in einem Aufsatzmixer mit dem Zucker pürieren. Anschließend mit einer Spatel durch ein feines Sieb streichen, um unangenehme Fasern zu entfernen.
Knödelchen auf Bambus- oder Holzspieße stecken und auf einen Dessertteller legen. Mangomus dazusetzen und mit Schokosauce verzieren.

Für zwei Süßschnäbel
Zeit bis zur Vollendung: 30 Min.

Grießknödelchen

125 g	Magertopfen
1	Ei
20 g	Weizengrieß
20 g	Weißbrotbrösel
1 Pkg.	Vanillezucker
1 Prise	Salz
1 TL	Limettensaft

Bio-Limetten- oder Zitronenschalen gerieben
etwas frisch gerissener Ingwer

Zum Wälzen

1 EL	Butter
50 g	Brösel
1 Pkg.	Vanillezucker
50 g	gehackte Kürbiskerne

Staubzucker, Zimt

Mangomus

1	reife Mango
2 EL	Staubzucker
1 EL	Limettensaft

Dekor

fertige Schokosauce, Bambus- oder Holzspießchen, Zitrusblätter

APHRODISIERENDE, ANREGENDE UND STÄRKENDE INGREDIENZIEN

WEIZENGRIESS … INGWER … MANGO … KÜRBISKERNE … SCHOKOSAUCE … ZIMT … VANILLEZUCKER

Meeresfrüchte – Austern und Co

stärkend und anregend

Muscheln und Austern stehen nach wie vor für einen Hauch von Luxus. Längst schon für alle leistbar, gibt es dennoch eingeschworene Liebhaber und mindestens so viele Verweigerer dieser Delikatesse. Die Meeresfrüchte zählen zu den ältesten Tierarten überhaupt, die Artenvielfalt ist bemerkenswert: zwei- bis dreitausend Arten von Meeresfrüchten in Süß- und Salzwasser sind bisher bekannt. Besonders Austern verlangen den Gourmets einiges ab, sind es doch lebende Tiere, die man verspeist. Die glitschig feuchte Beschaffenheit mit dem samtig weichen Biss schmeckt aber überraschend angenehm nach Meer und ein wenig Nuss. Casanova soll Unmengen von Austern genossen haben, um seinen pompös ausschweifenden Liebesorgien nachkommen zu können. Aphrodite, die aus dem Schaum Geborene, entstieg einer Venusmuschel und gilt als die Personifizierung der Liebe. Das zarte Innere vieler Muscheln, speziell jenes der Auster, erinnert unverkennbar an das weibliche Geschlecht.

Frischegebot

Als sinnliches Fingerfood muss das ganze Augenmerk bei Meeresfrüchten auf die Frische gelegt werden. Magenverstimmungen oder im schlimmsten Fall Vergiftungen durch verdorbene Meeresfrüchte sind keine Seltenheit. Gerade bei Austern ist besondere Vorsicht angebracht.

Vielfalt für Genießer

Beim Einkauf von Meerestieren kann schon eine kulinarische Verwirrung entstehen. Über die vielen Bezeichnung, Größen, Farben und Formen sollte man sich nicht unnötig den Kopf zerbrechen. Nehmen Sie, was Ihnen gefällt, und verwöhnen Sie den Gaumen öfter mit etwas Neuem. So schärfen Sie die Sinne für Ihnen bis jetzt unbekannte erotische Geschmackserlebnisse.

Inhaltsstoffe

Meeresfrüchte sind Eiweißbomben und enthalten reichlich Mineralien. Besonders die Auster weist einen extrem hohen Zinkgehalt auf. Zink ist ein wichtiges Spurenelement und für die Spermienproduktion von großer Bedeutung. Austernschalen sind magnesiumhältig und beeinflussen Ausdauer und Allgemeinbefinden positiv.

Verwendung

Die Auster hat als antikes Liebesmittel einen hohen Stellenwert. Sowohl die pulverisierte Schale als auch das Fleisch gelten als der Libido dienlich.

Nährwert

100 g = 275 kcal

Vorschlag für die Küche

Austern à la Casanova (Rezept pro Person)

4	Austern auf Eis
1/2	Biozitrone (Saft)

grob gemahlener schwarzer Pfeffer

Um Austern zu öffnen, nehmen Sie ein Austernmesser oder ein stumpfes Messer mit kurzer Klinge. Dringen Sie an der schmalen Seite zwischen den Schalen ein und öffnen Sie die Muschel mit Druck nach oben. Vorsicht!, nicht kippen, denn das Meerwasser sollte nicht verschüttet werden. Mit Zitronensaft beträufeln und mit reichlich frisch gemahlenem, schwarzem Pfeffer würzen. Schlürfen Sie die Auster mitsamt dem Meerwasser aus der Schale und trinken Sie dazu ein Gläschen Champagner. So machte es schon Casanova!

Kren-Petersilienwurzelsuppe

Zum Scharfmachen – ein Stimmungssüppchen

Suppe

Knackig frisches Erdgemüse zuputzen, in Stücke schneiden und mit Lauch und Knoblauch im Maiskeimöl zart rösten.
Nun mit der bekömmlichen Suppe aufgießen und alles weichkochen lassen.
Das anregende Petersiliengrün im Ganzen einlegen, mitkochen und vor dem Pürieren wieder entfernen. Die stimulierenden Gewürze ebenfalls beigeben.
Vor dem Pürieren gerissenen Kren und Sahne unterrühren, mit dem Pürierstab fein aufmixen.
Sie können die Suppe noch durch ein feines Sieb streichen, dadurch entfernt man verbleibende kleine Fasern vom Gemüse.
Die sehr heiße Suppe in hübsche Suppentassen füllen, mit getrockneten Apfelstücken, ansprechendem Selleriegrün und etwas gerissenem Kren dekorieren.

Für zwei Hitzige
Zeit bis zur Vollendung: 30 Min.

Suppe

400 ml	klare Gemüsesuppe
2 EL	Maiskeimöl
60 g	Petersilienwurzel
60 g	Stauden- oder Knollensellerie
1	kleiner Apfel
2 EL	gehackter Lauch
1	Knoblauchzehe
1 EL	gerissener Kren
100 ml	Sahne

Petersiliengrün

Gewürze
Zimt, Anis, gemahlener Jamaikapfeffer (Piment), Chili

Dekor
getrocknete Apfelscheiben, Staudenselleriestücke, Krenraspeln

APHRODISIERENDE, ANREGENDE UND STÄRKENDE INGREDIENZIEN

PETERSILIENWURZEL UND -GRÜN ... SELLERIE ... APFEL ... ZIMT ... ANIS ... PIMENT ... CHILI ... KREN

Herzhaft gefüllter Kürbis und Pfefferoni

Starke Stücke zum Schwitzen

Fülle

Das Öl erhitzen, darin die Rollgerste und die fruchtigen Kardamomsamen anschwitzen und mit Suppe aufgießen. Die Rollgerste sollte 2 cm mit Flüssigkeit bedeckt sein. Mit Salz, Zimt und Pfeffer würzen. Auf kleiner Flamme zugedeckt weichdämpfen. Dann auskühlen lassen und mit Crème fraîche binden.

Kürbis

Gelborangen Butternusskürbis schälen, den verdickten Teil mit den Kernen wegschneiden. Aus dem länglichen Teil 12 dünne, 2 mm starke Blätter schneiden – dies geht am gleichmäßigsten mit der Brotschneidemaschine. Die Stücke leicht salzen und zum Schwitzen bringen. Etwa 15 Minuten ziehen lassen und dann den Saft mit Küchenpapier abtupfen.
Den Mozzarella in sechs ähnlich große Stücke wie die Kürbisstücke portionieren. Auf ein Stück Kürbis Fülle aufstreichen, Mozzarella obenauf legen und darüber wieder ein Stück Kürbis.
Zwei Strudelblätter übereinander legen, so groß zuschneiden, dass man den gefüllten Kürbis einwickeln kann. Seitlich einschlagen, die Ränder zum Verschließen mit verquirltem Ei bestreichen.
Backrohr auf 160° C vorheizen.
Die Pfefferoni der Länge nach aufschlitzen, die Kerne auskratzen, mit der Rollgerstenmasse straff füllen und mit Strudelteig eindrehen. Hier wieder die Ränder mit Ei bestreichen, um das Ganze gut zu verschließen. Alle Teile auf ein Backblech legen und bei 160° C ca. 25 Minuten hellbraun backen.

Dip

Würzige Petersilienblätter von den Stielen pflücken und mit Cremejoghurt im Aufsatzmixer feinst pürieren, mit Salz und Zucker rund abschmecken.

Salat

Pralle Tomaten vom grünen Stielansatz befreien und in Spalten schneiden. Mit gehacktem Lauch und den restlichen Zutaten marinieren.
Gebackenen Kürbis und Pfefferoni gemeinsam mit dem Dip und dem Tomatensalat anrichten.

Für zwei Hungrige
Zeit bis zur Vollendung: 40 Min.

Kürbis

4 Stk.	milde Pfefferoni, Butternusskürbis oder junger Zucchini

Fülle

2 EL	Nuss- oder Rapsöl
80 g	Rollgerste oder Weichweizen
2	Scheibchen Lauch
1 EL	Crème fraîche
125 g	Mozzarella

Samen einer Kardamomkapsel
etwas Gemüsesuppe zum Aufgießen
Salz, Zimt, frisch gemahlener schwarzer Pfeffer

Mantel

4 Bl.	Strudelteig
1	Ei zum Bestreichen

Dip

1/8 l	Cremejoghurt
1 Bd.	Petersilie
1 Prise	Salz und Zucker

Salat

2 Stk.	rote und gelbe Tomaten
1 EL	gehackter Lauch

Paradeisessig und Kürbiskernöl
Salz und Pfeffer

Dekor

Chiliflocken, Joghurtkleckse, Minitomaten

APHRODISIERENDE, ANREGENDE UND STÄRKENDE INGREDIENZIEN

KÜRBIS … PFEFFERONI … GERSTE ODER WEIZEN … ZIMT … PFEFFER … KARDAMOM … PETERSILIE … TOMATEN … KÜRBISKERNÖL

Crêpes mit Ananaskompott

Exotisch Freches für karibische Nächte

Kompott

Die Ananas penibel schälen und in etwa gleich große Würfel schneiden. Sollte die Mitte der Frucht holzig sein, die harten Stellen ausschneiden.
Die zwei Orangen filetieren – hierfür schälen Sie die Orangen sorgfältig und schneiden das Fruchtfleisch mit einem Gemüsemesser zwischen den Orangenscheidewänden heraus.
Den Zucker in einem Pfännchen hellbraun karamellisieren und mit der halben Menge Orangensaft ablöschen. In die andere Hälfte Orangensaft die Stärke einrühren und damit den heißen Saft binden. Die Ananaswürfel, den Cointreau und das wertvolle Mark der halben Vanilleschote zugeben. Bei niedriger Hitze eindicken lassen und das Pfännchen vom Herd ziehen. Zum Schluss die Orangenfilets beigeben und die Komposition kühlstellen.

Crêpes

Die Milch, die Sahne und das Ei versprudeln und das Mehl bedächtig unterrühren. Den Teig leicht salzen und zum Schluss die flüssige Butter einarbeiten. Nun eine halbe Stunde rasten lassen.
In einer Pfanne Fett erhitzen, etwas vom Crêpeteig eingießen und durch Drehen der Pfanne gleichmäßig dünn verteilen. Auf einer Seite bräunen, mit einer Palette umdrehen und auf der anderen Seite ebenfalls sonnengelb backen. Auf einen Teller legen, zudecken und warmhalten. Aus dem Teig lassen sich vier Stück Crêpes zaubern.
Auf einem dunklen Teller zwei Crêpes und das Kompott anrichten, Crêpes dicht mit Staubzucker bestreuen und mit der aromatischen Vanilleschote, den Minifrüchten und etwas Minze sündig dekorieren.

Für zwei Sonnenanbeter
Zeit bis zur Vollendung: 35 Min. ohne Stehzeit

Crêpes

100 ml	Milch
50 ml	Sahne
1	Ei
40 g	glattes Mehl
1 EL	geschmolzene Butter
Salz	
etwas Fett zum Backen	

Kompott

2	Navelorangen
100 ml	Orangensaft
1 kl.	Ananas
2 EL	Zucker
1/2	Vanilleschote
2 TL	Maisstärke
2 cl	Cointreau
Zitronenzesten	

Dekor

Vanilleschote, Minifrüchte, Staubzucker und Minze

APHRODISIERENDE, ANREGENDE UND STÄRKENDE INGREDIENZIEN

EI … ANANAS … VANILLE … COINTREAU

Ananas – die Königin der Früchte

stärkend und kräftigend

Die herrliche Frische und Saftigkeit der sonnengelben Ananasfrucht belebt und bringt unsere Lebensgeister in Schwung. Harmonische Säure geht einher mit erfrischender Fruchtigkeit, vanillegesüßter Duft macht das Genusserlebnis perfekt.

Columbus entdeckte die Ananasfrucht 1793 auf Guadeloupe, die Züchtung wurde intensiv auf Hawaii betrieben. Der Ananasanbau erfolgt heute in den Tropen und Subtropen, vorwiegend in Thailand, Honduras, auf den Philippinen, auf Costa Rica und an der Elfenbeinküste. Ananasfrüchte wachsen rund ums Jahr. Bemerkenswert ist, dass achtzehn Tage nach der Ernte die ausgereifte Ananas ihren Duft und Geschmack verliert, das heißt, die Frucht stirbt.

Inhaltsstoffe

Die Ananas enthält Vitamin A, Vitamin B1 und besonders viel Vitamin C. Neben reichlich Spurenelementen, Fruchtzucker und Vanillin wirkt auch das Eiweiß aufspaltende Enzym Bromelin positiv auf unseren Körper.

Wirkung

Die Ananasfrucht soll Entzündungen hemmen, die Durchblutung fördern und entwässern. Auch kann sie Übersäuerungen neutralisieren.

Produkte

Saft und Fleisch der Ananas werden für Duftstoffe verwendet, vor allem in Kerzen und Salben. Ananaswein und Ananassaft sowie Kompott sind beliebte und durchaus aphrodisierende Produkte für die erotische Küche. Naturvölker schätzen alle Pflanzenteile der Ananas zur Herstellung von Medizin und als die Liebe förderndes Naturprodukt.

Nährwert

100 g = 60 kcal

Karibischer Vorschlag für die Küche

Weißer Rum mit Ananasaroma

Fruchtherz aus einer sonnengereiften Frucht in karibischen Rum (z. B. Habana Club, ersatzweise Weißwein) einlegen und einige Tage ziehen lassen. Mit Honig süßen und zwei Wochen täglich zur Anregung ein Glas trinken. Sollten Sie Scharfes lieben, können Sie frische Fruchtfleischstücke mit Salz und Chilipulver bestreuen und zusätzlich in braunen Tequila tauchen.

Safran-Pilzrisotto

Verführung aus dem Wald

Risotto

Die waldfrischen Pilze waschen und nicht zu dünn schneiden. Olivenöl erhitzen, darin den gehackten Knoblauch und die Pilze andünsten, sie dürfen eine leichte Bräunung annehmen. Dann mit Petersilie, wenig Salz und frisch gemahlenem weißem Pfeffer abschmecken.
Die grazilen Safranfäden in einem Esslöffel Suppe vorquellen.
Die Butter und das Olivenöl erwärmen, den gehackten Lauch und den Risottoreis einstreuen und glasig anschwitzen. Zimt, Gewürznelken und die Safranfäden zugeben und mit reschem Weißwein ablöschen. So viel warme Suppe beigeben, dass der Reis eine sämige Konsistenz annimmt. Auf kleiner Flamme unter ständigem Rühren kochen und immer wieder Suppe zufügen. Das fertige Risotto sollte cremig sein, der Reis aber noch einen leichten Biss haben.
Ins fertige sonnengelbe Risotto die unvergleichlichen Pilze und den geriebenen Parmesan einrühren. Einige schöne Pilzstücke zum Arrangieren zurückbehalten.

Das köstliche Safran-Pilzrisotto in vorgewärmten, tiefen Tellern anrichten, Pilzstücke darauflegen und mit einem Kräutersträußchen dekorieren.

Für zwei sich Findende
Zeit bis zur Vollendung: 25 Min.

Risotto

1 EL	Butter und Olivenöl
1 EL	gehackter Lauch
200 g	Risottoreis
2	Gewürznelken
1 Prise	Zimt
10	Safranfäden
100 ml	Weißwein (z. B. Welschriesling)
1/2 l	Gemüsesuppe

Salz, weißer Pfeffer frisch gemahlen

Pilze

1 EL	Oliven- oder Trüffelöl
200 g	Steinpilze
1	Knoblauchzehe
1 EL	gehackte Petersilie
2 EL	geriebener Parmesan

weißer Pfeffer frisch gemahlen

Dekor

blühender Kräuterzweig
gehobelter Trüffel (für die extravagante Version)

APHRODISIERENDE, ANREGENDE UND STÄRKENDE INGREDIENZIEN

TRÜFFELN UND/ODER STEINPILZE ... GEWÜRZNELKEN ... ZIMT ... SAFRAN ... WEISSWEIN ... PETERSILIE ... PFEFFER

Entenbrust mit Kürbislinsen und Feigen

Kreativer Höhenflug der Fusion

Marinierte Feigen

Naturbelassenen Rohrzucker in einem Pfännchen schmelzen, den golden schimmernden Honig beigeben und mit dem würzigen Portwein ablöschen. Das süßliche Mark der halbierten Vanilleschote auskratzen und beigeben. Die Flüssigkeit etwas einreduzieren lassen und dann die geviertelten Feigen in die heiße Flüssigkeit einlegen. Das Pfännchen von der Platte nehmen und die marinierten Feigen im Sud auskühlen lassen.
Sie können die Früchte auch am Vortag vorbereiten und kühlgestellt durchziehen lassen.

Kürbislinsen

Im erwärmten Öl den gehackten Lauch und die Knoblauchzehe, Staudensellerie und tiefgelbe Kürbisstücke anschwitzen und mit der Suppe aufgießen. Das Gemüse weichkochen, dann die sämigen Linsen zugeben und mit der Sahne und den herrlichen Aromaten kräftig abschmecken.

Entenbrüste

Die fleischigen Entenbrüste an der Hautseite einschneiden, mit Dijon-Senf, Salz und Pfeffer handsam einreiben. Nun im Butter-Ölgemisch, mit sensibel gewählter Temperatur, langsam braten. Zwischendurch wenden und mit dem Bratfett immer wieder begießen. Rosa gebratene Fleischstücke aus der Pfanne nehmen und warmhalten.

Die süßlichen Bananenscheiben in wenig Butter und Honig garbraten und mit einem Hauch Salz würzen.
Kürbislinsen in edlen tiefen Tellern portionieren, die in Scheiben geschnittene Entenbrust dazusetzen. Knusprige Bananenscheiben und die fruchtige Feigenkreation als sinnliches Dekor anrichten.

Für zwei schräge Vögel
Zeit bis zur Vollendung: 40 Min.

Entenbrüste

1 EL	Butter und Nussöl
2 Stk.	Babarieentenbrüste
Salz, Dijon-Senf, schwarzer Pfeffer	
1 TL	Honig

Kürbislinsen

2 EL	Raps- oder Nussöl
2 EL	gehackter Lauch
1	Knoblauchzehe
1 Stk.	Staudensellerie
150 g	Kürbiswürfel (Hokkaido oder Buttercup)
200 ml	Suppe oder Wasser
6 EL	gekochte rote Linsen
2 EL	Sahne
2 TL	Honig
1 Prise	Curry
Salz, Chili, gelber Pfeffer	

Marinierte Feigen

1 EL	Rohrzucker
1 TL	Honig
1/2	Vanilleschote
100 ml	Portwein
2 Stk.	frische Feigen

Gebratene Banane

1 EL	Butter
1	Kochbanane oder ersatzweise eine feste Speisebanane
2 TL	Honig
Salz	

APHRODISIERENDE, ANREGENDE UND STÄRKENDE INGREDIENZIEN

ENTENBRUST ... SENF ... HONIG ... PFEFFER ... STAUDENSELLERIE ... KÜRBIS ... LINSEN ... CHILI ... CURRY ... VANILLE ... PORTWEIN ... FEIGE ... BANANE

Kokosmousse

Tropisches Zergehen auf der Zunge

Mousse

Die zerbrechlichen Gelatineblätter in kaltes Wasser einlegen.
Den fruchtigen Orangensaft mit dem milchigen Kokoslikör leicht erwärmen und darin die ausgedrückten Gelatineblätter vollständig auflösen und leicht auskühlen lassen.
Das klare Eiweiß mit dem braunen Zucker steif aufschlagen. Die Kokosmilch mit dem gemahlenen Ingwer und dem Vanillezucker glatt verrühren und das steife Eiweiß unterziehen.
Zum Abschluss die Gelatinemasse sorgsam einrühren.
Die tropisch angehauchte Masse in zwei exotisch wirkende Kokosnussschalen füllen, mit Folie abdecken und kaltstellen.
Vor dem Servieren die Kokosraspeln ohne Fett in einer Pfanne rösten, bis sie zu duften beginnen. Kitzelnd prickelnde Granatapfelkerne aus der Frucht lösen und die pelzigen Teile sorgfältig entfernen. Die kalten und gestockten Mousses damit bestreuen und als i-Tüpfelchen für den sinnlichen Genuss mit Sternfruchtscheibchen dekorieren.

Für zwei Exoten
Zeit bis zur Vollendung: 15 Min.
Kühlzeit: 2 Stunden

Mousse

3 Bl.	Gelatine
2 EL	Orangensaft
4 cl	Kokoslikör (z. B. Batida de Coco)
2	Eiweiß
1 EL	brauner Zucker
1 Pkg.	Vanillezucker
1 TL	gemahlener Ingwer
125 ml	Kokosmilch

Dekor
Kokosraspeln, Granatapfelkerne, Sternfruchtscheibchen

APHRODISIERENDE, ANREGENDE UND STÄRKENDE INGREDIENZIEN

KOKOSNUSSLIKÖR ... EIWEISS ... INGWER ... VANILLE ... KOKOSMILCH ... KOKOSRASPELN ... GRANATAPFELKERNE

Granatapfel – der Apfel aus dem Paradies

kräftigend

Der Granatapfel, auch als Paradiesapfel bezeichnet, verkörperte im Altertum die Liebesgöttin Aphrodite und wurde zum Sinnbild für Liebe und Erotik. In der antiken Kunst ist der Granatapfel populäres Symbol zur Darstellung von Genuss und Zweisamkeit.

Im Granatapfel gehen erotische Geschichte und herbsüßer Genuss eine Liebschaft ein. Die Blüten gleichen, bevor sie sich öffnen, dem männlichen Geschlecht (phallusförmig). Was ist also naheliegender, als dass der Granatapfel in der Signaturlehre als aphrodisierende Frucht gedeutet wird. Frucht und Blüte des sehr langlebigen Baumes bezeichnet man auch als die Pole der Sexualität – weiblich und männlich.

Man nimmt an, dass nicht der Apfel, sondern der Paradiesapfel Eva zur verbotenen Frucht greifen ließ. Der Granatapfelbaum wird daher auch Baum der Erkenntnis genannt.

Heute versorgen uns Indonesien, Indien, China und das tropische Afrika mit diesen außergewöhnlichen Früchten.

Explodierende Kerne

Die Kerne des Granatapfels scheinen am Gaumen zu explodieren – ihr blutroter Saft ergießt sich spektakulär im Mund. Natürlich müssen die Früchte voll ausgereift sein, damit sie den Gaumen so innig stimulieren.

Inhaltsstoffe

Granatäpfel enthalten reichlich Vitamin C und Mineralien; besonders hervorzuheben ist das Magnesium.

Verwendung

Frische Kerne machen sich gut auf Süßspeisen, verfeinern Getränke und Obstsalate. Die Fruchtscheidewände sind ungenießbar.

Aus dem Saft wird Grenadine (Sirup) hergestellt, eine wichtige Zutat für erotische Getränke und Cocktails. Getrocknete Kerne sind in der indischen Küche beliebt als Würze zu Currymischungen und Chutneys.

Nährwert

100 g Granatapfelkerne = ca. 75 kcal

Stimulierender Aperitif-Vorschlag

Granatapfeldrink (für ein Glas)

1	Granatapfel
1/2 Pkg.	Vanillezucker
1/4	Vanilleschote (Mark)

Saft einer Orange

Den Granatapfel leicht auf einer harten Unterlage mit Druck rollen. Das löst die Kerne aus den Scheidewänden und der Saft fließt besser. Orange und Granatapfel halbieren und auspressen, mit dem Vanillezucker und dem Vanillemark vermischen. Den Glasrand mit wenig Saft befeuchten und in Vanillezucker tauchen. Das gefüllte Glas mit einigen Kernen und einem Stück Vanilleschote dekorieren.

Erwartungsvoll steh ich hier mit
zittrigen Knien.
Wie lange lässt du mich noch warten?
Komm endlich, komm,
meine süßen Leckereien steh´n
für dich bereit.

Trockenfrüchte im Speckmantel

Vorspeise im Orientstyle

Trockenfrüchte

Klebrig-süße Dattel entsteinen und mit Walnuss- oder Mandelstücken füllen. Getrocknete, herzhafte Birne in Stücke schneiden und ebenfalls eine Nuss eindrücken. In die attraktiv kleinen Feigen einen Schlitz ritzen und eine Mandel einstecken.
Je nach Gusto die Trockenfruchtstücke mit einem Minze- oder Salbeiblatt belegen und in ein papierdünnes Schinkenspeckblatt eindrehen.
Das Öl in einer Pfanne erhitzen, darin die pikanten Häppchen langsam knusprig ausbraten.
Die exquisiten kandierten oder schwarzen Nüsse, ersatzweise auch frisches Obst, in Scheibchen schneiden und gemeinsam mit den warmen Trockenfrüchten auf Desserttellern anrichten.

Für zwei Oasenbewohner
Zeit bis zur Vollendung: 15 Min.

Trockenfrüchte

1 EL	Nuss- oder Rapsöl
10 Bl.	Schinkenspeck
4	Datteln
4 kl.	getrocknete Feigen
1	getrocknete Birne (Kletze)

einige geschälte Mandelkerne und Walnüsse
Salbei- und Minzeblätter

Dekor
kandierte oder schwarze Nüsse, ersatzweise frisches Obst

APHRODISIERENDE, ANREGENDE UND STÄRKENDE INGREDIENZIEN

NUSSÖL ... DATTELN ... FEIGEN ... KLETZE ... NÜSSE ... SALBEI ... MINZE

Gebackene Herzen mit Kürbis-Kartoffelsalat

Bezirzen und verführen auf steirisch

Kürbis-Kartoffelsalat

Speckige Kartoffeln und ergänzend dazu den herzhaft orangen Kürbis schälen und beides in ähnlich große, längliche Stifte zerkleinern. Nun in Salzwasser weich kochen, behutsam abseihen und auskühlen lassen.
Das staudenfrische Selleriestück schälen (vom Stiel die Fäden abziehen) und samt Blattgrün in kleine Stücke schneiden. Alle Zutaten vorsichtig vermengen und mit Öl, Apfelessig, Salz und Pfeffer marinieren.

Herzschnitzel

Die mürben Kalbsschnitzel zwischen einer Folie breit klopfen (Topf oder Plattiereisen). Eine passende Herzform (wenn nicht zur Hand, aus Karton ausschneiden) aufsetzen und danach mit einem scharfen Messer ausschneiden. Kleine feine Schnitte gegen die Faser ins Fleisch schneiden (nicht durchschneiden), damit sich das Fleisch beim Ausbacken nicht wölbt. Salzen, in Mehl beidseitig wenden und durch die leicht verquirlten, fein gesalzenen Eier ziehen.
Für die erste, regional betonte Panier Brösel und Steirische Kürbiskerne vermischen, für die zweite Panier Brösel, Parmesan und die Sesamkörner. Darin separat je zwei Schnitzel sorgfältig eindrehen, aber die Panier nicht andrücken.
Das Frittierfett erhitzen, darin die herzigen Schnitzel goldbraun ausbacken und auf Küchenpapier abtropfen lassen.
Genießen Sie die herzhafte Speise mit der süßlich würzigen Salatkreation!

Für zwei Herzallerliebste
Zeit bis zur Vollendung: 45 Min.

Gebackene Herzen

4	Kalbsschnitzel
2	kleine Eier

Salz, einige Esslöffel Mehl

Panier 1

50 g	Weißbrotbrösel
20 g	gehackte Kürbiskerne

Panier 2

50 g	Weißbrotbrösel
2 EL	geriebener Parmesan
1 EL	Sesamkerne

Frittierfett

Kürbis-Kartoffelsalat

2	große speckige Kartoffeln
250 g	Kürbis (Butternut oder Hokkaido)
1 Stange	Staudensellerie

Zum Marinieren
Oliven- oder Kürbiskernöl und alter Apfelessig
Salz und weißer Pfeffer

Dekor

2 EL	rote Marmelade

APHRODISIERENDE, ANREGENDE UND STÄRKENDE INGREDIENZIEN

KALBSFLEISCH ... EI ... KÜRBISKERNE ... SESAM ... KÜRBIS ... PFEFFER ... STAUDENSELLERIE ... KÜRBISKERNÖL

Apfeltarte

Süßes Flair zum Liebhaben

Apfeltarte

Die rotbackigen Äpfel schälen und mit säuregebendem Zitronensaft beträufeln. Das störende Kerngehäuse entfernen, in schlanke Spalten teilen und mit dem anheimelnden Zimt vermengen.
In einer beschichteten Pfanne die Butter schmelzen, den Zucker und den dickklebrigen Honig zugeben.
Nun die Apfelspalten darauf verteilen und eng aneinanderdrücken. Die Temperatur von der Kochplatte zurückschalten und die Pfanne zudecken.
Die Apfelspalten können dadurch im eigenen Saft weichgaren. Wenn die Unterseite der Tarte braun karamellisiert, die Masse wenden und von der anderen Seite ebenso bräunen. Vor dem Servieren lauwarm auskühlen lassen.
Das unvergleichlich köstliche und doch einfache Dessert mit wenig steifer Sahne bespritzen und mit Minzeblättchen garnieren.

Für zwei Obstversessene
Zeit bis zur Vollendung: 15 Min.

Tarte

1 EL	Butter
2 EL	brauner Zucker
1 EL	Honig
3	große säuerliche Äpfel
1 TL	Zimt
1 Pkg.	Vanillezucker
Zitronensaft	

Dekor

Schlagsahne, Pfefferminzblättchen und Blüten

APHRODISIERENDE, ANREGENDE UND STÄRKENDE INGREDIENZIEN

APFEL ... HONIG ... ZIMT ... VANILLE ... MINZEBLÄTTCHEN

Kürbis, Kerne und Öl – das steirische Aphrodisiakum

kräftigend und vorbeugend

Meistens rund und in herrlich ansprechenden Farben präsentieren sich uns die Kürbisgewächse im Herbst in ihrer vollen Pracht. Als größte Beere der Welt hält der Kürbis den Weltrekord im Wachstum. In einem Jahr bringt es eine Frucht der Sorte Atlantic Giant immerhin auf über sechshundert Kilogramm. Das Fruchtfleisch, als Gemüse genossen, ist sehr kalorienarm, reich an Mineralstoffen und schmeckt gut gewürzt äußerst delikat.

Eine unverzichtbare Zutat in der erotischen Küche sind aber Kürbiskerne, entweder mit oder ohne Schale. Aus den dunkelgrünen, schalenlosen steirischen Kürbiskernen wird eine regionale Spezialität gepresst: das Steirische Kürbiskernöl. Männer empfinden den Duft des Öls und der Kerne als erotisierend – oder: hungrig machend in mehrerlei Hinsicht.

Die Kürbispflanze stammt ursprünglich aus der Neuen Welt und wurde von Columbus nach Europa gebracht. Bei den indigenen Völkern Amerikas wird sie als heilige Nutzpflanze verehrt.

Inhaltsstoffe

Im Fleisch der orangegelben Kürbissorten sind Mineralstoffe (u. a. Kalium) und bioaktive Substanzen, wie das Beta-Karotin, eine direkte Vorstufe des Vitamin A, reichlich eingelagert.

Wirkung

Der hohe Kaliumgehalt bewirkt eine gute Entwässerung des Zellgewebes. Kürbiskerne und -öl enthalten sehr viel Zink. Dieses lebensnotwendige Spurenelement ist wichtig für die Spermienproduktion und den weiblichen Zyklus. Weiters wirken Vitamin E und andere Spurenelemente blasenstärkend und der Prostatavergrößerung entgegen.

Verwendung

In der Pharmaindustrie sind die Kerne des Cucurbita styriaca (schalenloser steirischer Ölkürbis) heiß begehrt. Zu Pillen und Tabletten verarbeitet, werden sie gegen Reizblase und als natürliches Potenzmittel propagiert und mit Erfolg verkauft.

Nährwert

100 g Kürbisfleisch = 26 kcal
100 g Kürbiskerne = ca. 560 kcal
100 g steirisches Kürbiskernöl = 879 kcal

Verführerischer Vorschlag für die Küche

Lustspitze (15–20 Stück)

80 g	Rohrzucker
1 TL	Butter
50 g	Sahne
50 g	Kürbiskerne
2 TL	Kakao
1/2	Vanilleschote (Mark)
1 Msp.	Zimt

Den Zucker karamellisieren, Kürbiskerne zugeben, das Töpfchen von der Platte ziehen und Butter und Sahne beigeben. Mit den Gewürzen aromatisieren, weiterkochen und einreduzieren lassen, bis die Masse zähflüssig ist. Auf Backpapier gießen und rechteckig auseinanderstreichen. Wenn die Masse zu stocken beginnt, in Spitze schneiden.

Safran-Fischsuppe

Wärmendes aus dem Meer

Suppe

Das Suppengemüse putzen, klein schneiden und mit der kräftigen Schalotte im erhitzten Olivenöl hellbraun durchrösten. Die Karkassen zugeben, mit dem bekömmlichen Weißwein ablöschen und mit glasklarem Wasser aufgießen. Nun mit dem Safranansatz, den Gewürzen und den frischen Kräutern ergänzen. Den kraftvollen Suppenansatz 30 Minuten bei niedriger Temperatur dahinköcheln lassen.
Die anregend gelbe Fischsuppe durch ein feines Sieb abseihen und fertig abschmecken. Bunte Gemüsestücke als Einlage wieder beigeben.
Die geputzten und in Stücke geschnittenen Tintenfische sowie die sorgfältig entgräteten Fischfilets in die Suppe einlegen. Riesengarnelen aus dem Panzer schälen, Darm entfernen und ebenso beigeben. Die Meeresfrüchte für einige Minuten in der würzigen Fischsuppe ziehen lassen.
Die duftende Suppe in tiefen Tassen anrichten und als besonderen Kick mit Grünzeug und kleinsten Tomaten garnieren. Frisch getoastetes Weißbrot ist zu Fischsuppe ein Muss.

Für zwei, die das Besondere lieben
Zeit bis zur Vollendung: 35 Min.

Suppe

150 g	Fischkarkassen (Fischabschnitte und Gräten)
3 EL	Olivenöl
1 Bd.	Suppengemüse
1	Schalotte
1/8 l	Weißwein
500 ml	Wasser

Pfefferkörner, Anis, Chilischote
Thymianzweig, Petersilien-, Sellerie- und Liebstöckelgrün
einige Safranfäden, in einigen Esslöffeln Wasser eingelegt

Einlage

150 g	Fischfilets (z. B. Petersfisch, Lachs, Pangasius)
2	Riesengarnelen

einige Tintenfische

Beilage

getoastetes Weißbrot

Dekor

Dillblüten und -grün, bunte Minitomaten

APHRODISIERENDE, ANREGENDE UND STÄRKENDE INGREDIENZIEN

SAFRAN ... SUPPENGEMÜSE ... WEISSWEIN ... PFEFFERKÖRNER ... ANIS ... CHILI ... PETERSILIEN-, LIEBSTÖCKEL- UND SELLERIEGRÜN ... FISCH ... GARNELEN ... TINTENFISCHE ... TOMATEN

Gefüllte Tintenfische

Verstecktes für spannende Einblicke

Fülle

Die Butter in einem Topf schmelzen, den gehackten Zwiebel und die energiereiche Siebenkorn- oder Reismischung zugeben. Heiß anschwitzen lassen und mit Wasser (zwei Finger über der Masse) aufgießen.
Geraffelte Karotte oder sattgelben Kürbis und verlockende Aromaten beigeben und bei niedriger Temperatur weichdämpfen. Die Masse auskühlen lassen, fein gehackte, würzige Petersilie, den kräftigen Parmesan und die sämige Crème fraîche unterziehen.

Tintenfische

Die schlüpfrigen Tintenfische am besten beim Fischhändler putzen lassen. Mit Küchenpapier gut abtrocknen, salzen und mit säurebetontem Limettensaft würzen.
Die köstliche Fülle in einen Spritzbeutel mit großer Tülle füllen, damit die Tintenfischkörper auffüllen und mit Zahnstochern verschließen.
Olivenöl in einer Pfanne erhitzen, darin die bauchig gefüllten Tintenfische anbraten. Zum Schluss etwas blättrig geschnittenen Knoblauch beigeben. Angebrutzelte Stücke in Folie einpacken, gut verschließen und im Rohr bei 180° C ca. 20 Minuten fertigbraten.

Kürbispüree

Die Kürbiswürfel in etwas Wasser weichkochen. Überflüssiges Wasser abgießen, Butter, Milch, Salz, Pfeffer und Muskatnuss beigeben und fein pürieren. Das wohlschmeckende Püree sollte schön sämig sein.
Kürbispüree auf ein bourdeaux-rotes Radicchioblatt setzen, gefüllte Tintenfische beigeben und mit Olivenöl beträufeln.

Für zwei Tiefseetaucher
Zeit bis zur Vollendung: 45 Min.

Tintenfische

8 Stk.	Tintenfische
4 EL	Olivenöl
2	Knoblauchzehen

Limetten- oder Zitronensaft, Salz, Pfeffer

Fülle

1 EL	Butter
1 EL	gehackte Zwiebel
50 g	7-Korn- oder Wildreismischung
1 EL	geriebene Karotte oder Kürbis
1	grüne Kardamomkapsel
1 Prise	Zimt und Piment
1 Stk.	Sternanis
1 EL	gehackte Petersilie
1 EL	geriebener Parmesan
1 EL	Crème fraîche

Salz, Chili, Pfeffer

Kürbispüree

250 g	Speisekürbis (gelbfleischig) in Würfel geschnitten
1 EL	Butter

etwas Milch, Salz, weißer Pfeffer, Muskatnuss

Dekor

einige Radicchioblätter, Petersilienblätter

APHRODISIERENDE, ANREGENDE UND STÄRKENDE INGREDIENZIEN

TINTENFISCHE ... KNOBLAUCH ... 7-KORNMISCHUNG ... ZIMT ... PIMENT ... KARDAMOM ... CHILI ... PFEFFER ... PETERSILIE ... MUSKATNUSS ... SPEISEKÜRBIS

Kokosu

Süße Aussichten zum Verlieben

Kokoscreme

Die filigranen Gelatineblätter in kaltes Wasser einlegen.
Die herb schmeckende Kokosmilch mit dem cremeweißen Mascarino glatt verrühren. Die frischen Eidotter mit dem Zucker und dem Vanillezucker dickschaumig aufschlagen. Beides zu einer Creme vermischen.
Orangensaft leicht erwärmen und darin die ausgedrückte Gelatine auflösen. Mit der Creme gut verrühren.
Den röstfrischen starken Kaffee mit dem Rum vermischen, darin die Biskotten nur kurz einlegen. Sie sollten nicht patzig weich sein.
Den Boden einer kleinen Auflaufform dicht mit den leicht beschwipsten Biskotten auslegen, darauf eine Schicht der sinnlichen Creme gleiten lassen und wieder eine Biskottenschicht folgen lassen. Der Abschluss sollte Kokoscreme sein.
Die befüllte Form mit Folie abdecken und im Kühlschrank mindestens 3 Stunden kühlstellen.
Vor dem Servieren die raffiniert exotische Kreation dicht mit Kakaopulver bestäuben und mit Kokosraspeln garnieren.

Für zwei Berauschte
Zeit bis zur Vollendung: 15 Min.
Kühlzeit: 3 Stunden

Kokosu (4 Portionen)

60 g	Kokosmilch
180 g	Mascarino (50 %)
2	Eidotter
40 g	Zucker
1 Pkg.	Vanillezucker
2 Bl.	Gelatine
4 EL	Orangensaft

Biskottenschicht

1 kl. Pkg.	Eierbiskotten
250 ml	starker Kaffee
8 cl	brauner Rum

Dekor
Kokosflocken, Kakaopulver

APHRODISIERENDE, ANREGENDE UND STÄRKENDE INGREDIENZIEN

KOKOSMILCH ... KOKOSRASPELN ... RUM ... EIER ... KAFFEE ... KAKAO

Safran – das rote Gold

anregend bis berauschend

Safran ist eines der begehrtesten, aber auch eines der teuersten Gewürze. Im Altertum galt er als König der Pflanzen. Safranfäden werden aus einem Krokusgewächs gewonnen, das im Herbst Blüten trägt. Die rot-orangen Nabelschenkel der zartvioletten Krokusblüte werden ausschließlich händisch – am frühen Morgen – gezupft. In jeder Blüte sitzen nur drei Narbenfäden. 250.000 Safranfäden ergeben einen Kilogramm getrocknete Ware – dies erklärt den hohen Preis des Safran. Mit Safranfäden sollte sehr sparsam umgegangen werden, Überdosierung kann sogar tödlich sein.
Safranfäden haben ein unverwechselbares Aroma und färben Speisen herrlich sonnengelb. Sie kennen sicherlich den Spruch „Safran färbt den Kuchen gel".
Der Ursprung des Safran liegt vermutlich in Kleinasien und im Hochland von Kaschmir. Heute sind Spanien, die Türkei und Griechenland Hauptanbauländer des Safran. Aber auch in Österreich wird er in kleinen Mengen kultiviert.

Inhaltsstoffe

Das „rote Gold" gilt als Frauenheilmittel. Es wird behauptet, Safran stachle die sinnliche Begierde an. Er weist von allen Pflanzen den höchsten Anteil an Riboflavin (Vitamin B2) auf. Als natürliches Färbemittel für Stoffe und Lebensmittel findet Safran noch heute Verwendung.

Echtheit

Safran muss nicht gleich Safran sein. Da sich mit dem „König der Pflanzen" viel Geld verdienen lässt, kommt immer wieder gefälschte Ware auf den Markt. Es sind Fälle bekannt, wo mit den Blüten der Färberdistel und mit Kurkuma, aber auch gefärbten Wollfäden Safran gestreckt und verfälscht wurde. Aufgrund dieser Vorfälle wird echter Safran als solcher eindeutig mittels Zertifikat oder Plombierung ausgewiesen.

Safran schmeckt bitter aromatisch mit einer leicht blumigen Moschusnote. Zwei bis drei Jahre können Safranfäden ohne Qualitätsverlust aufbewahrt werden.

Verwendung

Mit Safran lassen sich Paella, Fischsuppen, Risotto und Eintöpfe hervorragend aromatisieren und färben.

Wärmender Vorschlag für die Küche

Gelbes Risotto
(Kochzeit ca. 20 Minuten)

1 EL	Butter zum Anschwitzen
1/2 Stange	Lauch
200 g	Risottoreis
400 ml	klare Gemüsesuppe
10	Safranfäden bester Qualität
3 EL	Weißwein
1 Prise	Zimt gemahlen
2 EL	geriebener Parmesan

weißer Pfeffer, Salz
Garnierung: Gebratene Garnelen, Fisch- oder Hühnerstücke, frische Kräuter

Die orangeroten Safranfäden in einigen Esslöffeln lauwarmer Suppe anziehen lassen.
Die Butter erwärmen, darin den gehackten Lauch und den Reis glasig anschwitzen. Würzigen Weißwein zugeben und mit wenig warmer Suppe und dem Safranansatz aufgießen. Die Temperatur zurücknehmen und unter ständigem Umrühren und Nachgießen von Suppe cremig kochen. Der Reis sollte im Kern noch Biss haben. Parmesan einrühren, nach Gusto fertig aromatisieren, garnieren und sofort servieren.

Pochiertes Ei an Salat

Charaktervolles in Begleitung

Salat

Herzhaft knackige Radicchioblätter waschen, gut abtropfen lassen und in feine Streifen schnipseln. Gelbgrüne Salatherzen zerzupfen und ebenfalls waschen. Für die Kernölmarinade alle Zutaten verquirlen und kurz vor dem Servieren den Salat damit marinieren.
Hauchdünn geschnittenes Schwarzbrot in Olivenöl kross toasten.

Pochiertes Ei

In einem hohen Topf genügend Salzwasser zum Kochen bringen, so dass die Eier genug Platz haben und nicht aneinander stoßen.
Die stärkenden Eier einzeln aufschlagen und vorsichtig in ein kleines Schälchen gleiten lassen. Einige Spritzer Essig ins Wasser geben, dann die schlüpfrigen Eier einzeln mit Gefühl ins Wasser rutschen lassen. Die Temperatur zurücknehmen – das Wasser darf nicht kochen. Nun warten, bis das Eiweiß um den Dotter herum zu stocken beginnt. Eventuell vorsichtig mit einem Löffel nachhelfen und die Eiweißlappen über den Dotter legen.
Sobald das Eiweiß gestockt ist (dann ist das Ei innen noch butterweich), die pochierten Eier aus dem Wasser nehmen, gut abtropfen und auf das appetitliche Salatbett ins Glas setzen.
Mit gerösteten Kürbiskernen und Kürbiskernpesto garnieren. Den restlichen marinierten Salat auf die Teller aufteilen und das getoastete Schwarzbrot neckisch auf den Glasrand stecken.

Für zwei Zartbesaitete
Zeit bis zur Vollendung: 15 Min.

Pochiertes Ei

2	große, sehr frische Eier
Salz, Essig	

Salat

2	Salatherzen
4	Blätter Radicchio

Marinade

4 EL	Kürbiskernöl
2 EL	milder Apfelessig
1 EL	gehackter Lauch
1 Prise	Salz und Zucker
bunter Pfeffer frisch gemahlen	

Krosse Schwarzbrotscheibchen

1 EL	Olivenöl
1	zerquetschte Knoblauchzehe
2 Scheiben	hauchdünn geschnittenes Schwarzbrot

Dekor

2 EL	geröstete Kürbiskerne
1 EL	Kürbiskernpesto

APHRODISIERENDE, ANREGENDE UND STÄRKENDE INGREDIENZIEN

EIER ... KÜRBISKERNÖL ... APFELESSIG ... KÜRBISKERNE ... KÜRBISKERNPESTO ... PFEFFER

Liebesperlen-Quiche

Feinsinniges zum Verzaubern

Teig

Die zimmerwarme Butter mit den Teigzutaten zu einem geschmeidigen Teig verkneten. In Folie einwickeln und rasten lassen.

Fülle

Milch mit dem Ei und der Crème fraîche versprudeln, den stärkenden Perlweizen beigeben und ca. 15 Minuten quellen lassen.
Gehackten Lauch und die würzige Knoblauchzehe im Weizenkeimöl anbraten und das leichte Gemüse kurz mitrösten. Nun die Gemüsemasse auskühlen lassen.
Gequollenen Perlweizen mit dem Gemüse und dem Käse vermengen. Dann mit Salz, feurigem Cayennepfeffer und Zitronenthymian gut abschmecken.

Den Boden einer kleinen Quiche- oder Tortenform mit Backpapier auslegen, den Teig so gut als möglich rund ausrollen und die Form damit auskleiden. Den Quicheteig am Rand der Form ca. 4 cm hochziehen. Dann mit der Fülle begießen und im Backofen bei 180° C ca. 30 Minuten backen.
Die saftige Quiche in gefällige Stücke teilen, mit krachenden Salat- und Tomatenstücken, mariniert in Steirischem Kürbiskernöl und Apfelessig, servieren.

Für zwei Zärtliche
Zeit bis zur Vollendung: 1 Stunde

Teig

60 g	Weizenmehl
60 g	Butter
1/2 EL	Sauerrahm
1 kl.	Ei
1 Prise	Salz und Backpulver

Fülle

60 g	Perlweizen
100 ml	Milch
1/2 B.	Crème fraîche
1	Ei
2 EL	Weizenkeimöl
1 EL	gehackter Lauch
1	Knoblauchzehe
150 g	Gemüse in Streifen (z. B. Kürbis, Karotten, Staudensellerie, Zucchini)
50 g	geriebener Käse (Emmentaler oder Gouda)

Salz, Cayennepfeffer
einige Blättchen Zitronenthymian

Salat

einige Blätter Krachsalat
einige Esslöffel Steirisches Kürbiskernöl und Apfelessig

Dekor

1	Tomate

APHRODISIERENDE, ANREGENDE UND STÄRKENDE INGREDIENZIEN

EI ... WEIZENMEHL ... WEIZENKEIMÖL ... PERLWEIZEN ... KAROTTE ... KÜRBIS ... ZUCCHINI ... STAUDENSELLERIE ... CAYENNEPFEFFER ... TOMATE ... KÜRBISKERNÖL

Schaumrollen mit Kaffeesahne

Knusprig geiler Gaumenkitzel

Rollen

Den gekühlten Blätterteig für eine halbe Stunde bei Zimmertemperatur akklimatisieren lassen. Anschließend aufrollen und in Streifen von 2 x 25 cm schneiden. Kleine Schaumrollenformen mit weicher Butter einreiben, darauf den Teig überlappend aufwickeln. Um ein schön blättriges Ergebnis zu erhalten, ziehen Sie den Teig nicht straff um die Form, sondern umwickeln Sie ihn mit Gefühl.
Formen auf ein Backblech legen und mit wenig Wasser bespritzen, durch den Dampf geht der Blätterteig besser auf. Bei 220° C hellbraun backen.

Fülle

Instantkaffee im Wasser und im aromatischen Rum auflösen. Die sämige Sahne halbsteif aufmixen und das Sahnesteif und den Zucker einrühren. Als ermunternden Abschluss den Kaffeeansatz zum Parfümieren unterrühren.
Die delikate Creme in einen Spritzsack füllen und die ausgekühlten Blätterteig-Röllchen damit strotzend voll auffüllen.
Um der Nachspeise noch den letzten optischen Schliff zu geben, spritzen Sie Schokoladestreifen darüber.

Für zwei Umschlungene
Zeit bis zur Vollendung: 40 Min.

Teigrollen

1 Pkg.	fertiger Blätterteig

Fülle

1/4 l	Schlagsahne
1/2 Pkg.	Sahnesteif
1 EL	Staubzucker
1 TL	Löskaffee
1 TL	Wasser
1 TL	Rum

Schokoglasur zum Verzieren

Dekor

Kaffeebohnen oder -pulver

APHRODISIERENDE, ANREGENDE UND STÄRKENDE INGREDIENZIEN

SAHNE ... KAFFEE ... RUM ... SCHOKOLADE

Pfeffer – das Gewürz der Erotik

anregend, heiß und erhitzend

Lange Zeit galt Pfeffer als eines der kostbarsten Gewürze und wurde tatsächlich mit Gold aufgewogen. Pfefferkörner waren heiß umkämpft, sogar Kriege wurden wegen seines Wertes angezettelt. Aber eine noch ganz andere Eigenschaft machte ihn weltberühmt: Pfeffer aphrodisiert. Die asiatische und auch europäische Volksmedizin bediente sich gerne des Pfeffers als Liebe förderndes Mittel. Dies setzte sich auch im Sprachgebrauch fest: „Pfeffer unterm Hintern" zu haben, bedeutet nichts anders, als temperamentvoll zu sein.
Heute gilt Pfeffer als das bekannteste und meistverwendete Gewürz überhaupt. Die eigentliche Herkunft des Pfeffers war lange Zeit rätselhaft. Heute wird angenommen, dass Indien sein Ursprungsland ist.
Pfeffer schmeckt angenehm scharf und wirkt anregend. Es gibt unzählige Pfefferarten, jedoch spielen nur wenige eine tragende Rolle in der europäischen Küche:
Grüner Pfeffer: Unreife Beeren, die frisch oder in Lake eingelegt gehandelt werden. Getrockneter grüner Pfeffer wird nach der Ernte gefriergetrocknet.
Schwarzer Pfeffer: Unreife Beeren werden gepflückt, fermentiert und getrocknet. Durch die Trocknung entsteht die typisch schrumpelige Haut.
Weißer Pfeffer: Fast reife Beeren werden geerntet, gewässert, geschält und getrocknet.
Grüner, schwarzer und weißer Pfeffer stammen von ein und derselben Pflanze. Die Unterschiede in der Färbung und in den Geschmacksnuancen ergeben sich je nach Reifegrad des Pfefferkorns.
Roter Pfeffer stammt vom peruanischen Pfefferbaum. Die Beeren werden voll ausgereift geerntet und haben eine weiche Schale.
Kubeben-Pfeffer war im Mittelalter ein beliebter Ersatz für den schwarzen, fast unerschwinglichen Pfeffer. Diese Pfefferart stammt aus Indonesien und wurde in der Volksmedizin ebenfalls als Aphrodisiakum verwendet.

Neben den genannten Pfeffergewächsen sind viele Gewürze, die als Pfeffer bezeichnet werden, eigentlich gar keine echten Pfeffer. So zum Beispiel Cayennepfeffer, der aus der Chilischote gewonnen wird. Neugewürz (auch Piment, Jamaikapfeffer, Nelkenpfeffer) sollte ursprünglich als Ersatz für echten Pfeffer dienen, hat sich aber aufgrund seines ganz anderen Geschmacks nicht als solcher etabliert. Piment findet sich in vielen Gewürzmischungen wie Glühwein- oder Lebkuchengewürz. Auch diese Pfeffer wirken sexuell stimulierend.

Inhaltsstoffe

Pfeffer wirkt durch seine zahlreichen ätherischen Öle wärmend und anregend. Für die Schärfe verantwortlich ist das Alkaloid Piperin.

Verwendung

Pfeffer sollte immer frisch gerieben werden, da gemahlener Pfeffer schnell „ausraucht".

Pfeffriger Vorschlag für die Küche

Scharfe Pfefferwürze für Fleisch und Fisch

2 EL	schwarze Pfefferkörner
2 EL	weiße Pfefferkörner
1 EL	Kubeben-Pfeffer
2 TL	roter Pfeffer
1 EL	Chiliflocken

Alle Zutaten in einem Mörser miteinander zerstoßen und luftdicht und lichtgeschützt aufbewahren.

Hühnersuppe mit Grießknödeln

Sagenhaft rundes Begehren

Suppe

Karotten und gelbe Möhren schälen, in gefällige Stücke schneiden und in ein wenig Suppe weich und zart kochen. Restliche Suppe wärmen und das Wurzelgemüse zugeben. Suppen sollten nie wallend kochen, dadurch wird die Flüssigkeit unschön trüb.
Die milde Hühnerleber sorgfältig zuputzen, eventuelle grüne Gallenreste peinlichst genau entfernen. Die Leberstücke salzen, pfeffern und im heißen Öl braun braten.

Knödel

Die weiche Butter mit dem feinen Grieß und dem Kraft gebenden Ei verrühren. Mit gehackter Petersilie, betörender Muskatnuss, Salz und Pfeffer gut abschmecken. Die Masse mindestens 15 Minuten zum Quellen beiseitestellen.
Salzwasser zum Kochen bringen, aus der Masse kleine Knödelchen formen und ins heiße Wasser gleiten lassen. Die Temperatur zurücknehmen und die Knödel 15 Minuten zugedeckt ziehen lassen.

Suppe in beliebigen Suppengefäßen anrichten (originell sind verschließbare Einmachgläser), je ein Stück Leber und Gemüsestücke zugeben und mit Schnittlauch bestreut servieren.

Für zwei Heißhungrige
Zeit bis zur Vollendung: 35 Min.

Suppe

500 ml	klare, kräftige Hühnersuppe
2	Karotten
2	gelbe Möhren
1 EL	Olivenöl
2 Stk.	Hühnerleber

Salz, Pfeffer

Knödel

70 g	Weizengrieß
1	Ei
1 EL	Butter
1 EL	Petersiliengrün gehackt

Salz, Muskatnuss, Pfeffer

Dekor
gehackter Schnittlauch

APHRODISIERENDE, ANREGENDE UND STÄRKENDE INGREDIENZIEN

HÜHNERSUPPE ... KAROTTE ... GELBE MÖHRE ... WEIZENGRIESS ... EI ... PETERSILIE ... MUSKATNUSS ... PFEFFER ... SCHNITTLAUCH ... HÜHNERLEBER

Hirschkoteletts mit Kartoffellaibchen

Kräftiges für die Lenden

Kartoffellaibchen

Die knolligen Kartoffeln in der Schale weichkochen, schälen und lauwarm durch die Kartoffelpresse drücken. Die Kartoffelmasse auf ein Backblech geben und bei Oberhitze ausdampfen lassen. Dadurch verlieren die Kartoffeln noch an Wasser. Lauwarm ein Ei hinzufügen und mit saftig grüner Petersilie, Salz, Pfeffer und Muskatnuss aromatisieren.
Butter und kräftiges Olivenöl in einer Pfanne erwärmen, aus der Kartoffelmasse kleine Kugeln formen, in Mehl wenden und flach drücken. Im Öl-Butter-Gemisch knusprig braun ausbraten. Zum Schluss die Salbeiblätter rasch im Fett mitbraten und zum Garnieren beiseite stellen.

Hirschkotelett

Das maskuline Kotelett im Ganzen mit Salz, Dijonsenf und Pfeffer gut einmassieren. Öl und Butter erhitzen und darin das Kotelett links und rechts scharf anbrutzeln. Ganz kurz den Duft verströmenden Rosmarinzweig mitbraten und wieder entfernen. Das Wildfleisch mit einem Deckel zudecken – die Bratzeit dauert je nach Stärke des Stückes 15 bis 20 Minuten. Anschließend mit Folie umhüllen und den Bratrückstand mit Suppe und Sahne ablöschen. Einreduzieren lassen, mit Marmelade und Pfeffer fein abschmecken und warmhalten.

Obst

Herbstlichen Apfel und harte Quitte vom Kerngehäuse befreien und schälen. In 1 cm starke Scheiben schneiden und in der Butter anbraten. Mit dem echten Honig beträufeln, die Hitze stark reduzieren und zugedeckt garbraten.

Das Hirschkotelett in appetitliche Stücke teilen, mit den Kartoffellaibchen einen Turm schichten und obenauf einige gebratene Salbeiblätter legen. Etwas sämige Sauce zu den Koteletts gießen und den ultimativen Genuss mit den gebratenen Obstscheiben vollenden.

Für zwei Wilde
Zeit bis zur Vollendung: 1 Stunde

Koteletts

400 g Hirschkotelett im Ganzen
Dijonsenf, Salz, schwarzer Pfeffer, Rosmarinzweig

Sauce

150 ml Suppe
4 EL Sahne
1 TL Preiselbeermarmelade
schwarzer Pfeffer

Kartoffellaibchen

1 TL Butter
1 EL Olivenöl
400 g mehlige Kartoffeln
1 Ei
1 EL gehackte Petersilie
Salz, Muskatnuss, Pfeffer
etwas Mehl zum Wenden

Apfel- und Quittenscheiben

1 EL Butter
1 säuerlicher Apfel
1 Quitte
1 EL Honig

Dekor

einige Salbei- und Rosmarinblätter

APHRODISIERENDE, ANREGENDE UND STÄRKENDE INGREDIENZIEN

WILDFLEISCH ... DIJONSENF ... PFEFFER ... ROSMARIN ... PETERSILIE ... SALBEI ... EI ... HONIG

Feigen und Litschis in Portwein

Würdiges Finale im Rausch

Vanillesauce

Das Puddingpulver in ein wenig kalter Milch anrühren.
Die verbleibende Milch, das exklusive Mark der Vanilleschote, Vanillezucker und den Zucker aufkochen. Das Puddingpulver einrühren und noch einige Minuten unter ständigem Rühren dickflüssig einkochen.

Früchte

Den intensiven Portwein mit dem Wasser, der Zimtstange, dem attraktiven Sternanis und dem Zucker aufkochen. Zartrosa Litschis von ihrer zerbrechlichen Hülle befreien, das saftige Innere halbieren und den Kern entfernen. Die sonnengereiften Feigen schälen, achteln und mit den Litschis im Portweinsud kurz köcheln lassen.
Lauwarm mit der unwiderstehlich cremigen Vanillesauce auf Desserttellern anrichten und mit Sternanis, Vanilleschotenstücken und Minzeblättern aufregend dekorieren.

Für zwei Liebestrunkene
Zeit bis zur Vollendung: 20 Min.

Vanillesauce

250 ml	Milch
1 Pkg.	Vanillezucker
1/2	Vanilleschote
1 EL	Rohrzucker
1 EL	Vanillepuddingpulver

Früchte

100 ml	Portwein
50 ml	Wasser
1/2	Zimtstange
1 Stk.	Sternanis
2 EL	Rohrzucker
6 Stk.	Litschis
4	frische Feigen

Dekor

Sternanis, Vanilleschote, Minzeblättchen

APHRODISIERENDE, ANREGENDE UND STÄRKENDE INGREDIENZIEN

VANILLEZUCKER ... VANILLESCHOTE ... PORTWEIN ... ZIMTSTANGE ... STERNANIS ... LITSCHIS ... FEIGEN

Sternanis und Gewürznelke – schönstes Gewürz und Blume der Götter

stark anregend

Sternanis

Der meist achteckige Sternanis gilt als das schönste Gewürz und bezaubert durch Form und Aussehen. In jeder Zacke der Sammelfrüchte liegt zwischen den Samenwänden ein hoch glänzender, plattrunder Samen.
Der botanische Gattungsname des Sternanis ist gleichbedeutend mit anlockend, verführerisch. Wird der Sternanis-Geruch tief eingeatmet, werden Anis- und Fenchelnoten frei. Gekaut offenbart das Gewürz eine fruchtig angenehme Frische mit einem Touch Lakritze im Hintergrund – man fühlt sich schnell angeregt. Ein sehr einfaches Rezept, auch zu empfehlen für herrlich frischen Atem.
Sternanis ist in China seit dreitausend Jahren bekannt. Der immergrüne Baum kann bis zu hundert Jahre alt werden. Unter anderem produzieren Südchina, Vietnam und Japan Sternanis.

Inhaltsstoffe

Die Fruchtschalen strotzen nur so vor ätherischen Ölen. Fünf bis acht Prozent davon macht Anethol aus, welches für den Anisgeruch verantwortlich ist. Dieser Duftstoff wird auch gerne für Liköre verwendet. Die süß-würzigen Früchte regen den Appetit an und wirken verdauungsfördernd.

Gewürznelke

Wer kennt sie nicht, die Gewürznelke! Sie ist unverzichtbarer Bestandteil vieler Gewürz- und Duftsträuße, aber auch herrlich aromatischer Gewürzmischungen.
Die Nägelein, wie sie auch genannt werden, sind die unreifen Blütenknospen eines immergrünen Myrtengewächses und werden auch heute noch händisch geerntet. Das Gewächs trägt erst ab dem sechsten Jahr.
Als Aphrodisiakum wird die Nelke schon seit dreitausend Jahren geschätzt und verwendet. Berauschende Liebesgewürzmischungen enthielten im Altertum sehr oft gemahlene Gewürznelken – gemeinsam mit Ingwer, Muskatnuss, Zimt und Pfeffer. Die Mischung wurde sodann als Potenz- und Lenzmittel angewandt.
Indonesien, Philippinen, Sansibar und Madagaskar kultivieren Nelken.

Inhaltsstoffe

In der Nelke kommen etwa fünfzehn Prozent des ätherischen Öles Eugenol vor, aber auch Gerbstoffe und Flavonoide sind enthalten. Die antiseptische Wirkung der süß-bitter schmeckenden Gewürznelken findet in der Zahnheilkunde Verwendung. Als altes Heilmittel gegen Zahnschmerzen kaute man die Nelken. Das wertvolle Nelkenöl wird als Duftaphrodisiakum und zum Parfümieren von Likören geschätzt.

Asiatischer Vorschlag für die Küche

Chinesische Fünfgewürzmischung

6 Stk.	Sternanis
1 EL	Szechuanpfeffer
1 EL	Fenchelsamen
2 TL	Nelken
2 TL	gemahlener Zimt

Alle Zutaten in einer elektrischen Mühle fein mahlen und durchsieben. Luftdicht verschließen und dunkel aufbewahren.

Unsere stressfreie Liebe
ist mit einem Sahnehäubchen gekrönt,
pfirsichzarte Haut verbindet sich
zu einer grenzenlos weiten Fläche,
wo Freiheit eine andere,
neue Bedeutung bekommt.

Karottensuppe mit Chili

Knalliges fürs Davor

Suppe

Sämtliches gartenfrisches Gemüse waschen und sorgsam schälen, dann in kleine Würfel schneiden.
Die zartgelbe Butter schmelzen, das gelbgrüne Olivenöl und den Zucker hinzufügen und darin erst die Karottenwürfel rösten. Einige orangegelbe Würfelchen als Einlage beiseite stellen und dann das restliche Gemüse zugeben.
Mit der bekömmlichen Gemüse- oder Hühnersuppe aufgießen und das Gemüse darin weich kochen. Die anheizenden Gewürze wie Pfeffer und Koriander in einem Mörser frisch zerstoßen und mitkochen. Den geschmackvollen Suppenansatz in einen Aufsatz- oder Stabmixer füllen und feinsämig pürieren.
Frisch geriebene Muskatnuss, Zitronensaft und -schale und einheizende Chili zum Schluss beigeben.
Die herrlich duftende Karottensuppe wird durch die gelungene Verbindung der Gewürze mit Nuancen von sweet & hot zum kulinarischen Festspiel.

Sahne erübrigt sich durch die sämige Bindung der Kartoffel, deshalb isst sich die Karottensuppe herrlich leicht und bleibt sehr bekömmlich.

Für zwei vergnügt Gestimmte
Zeit bis zur Vollendung: 20 Min.

Suppe

10 g	Butter
1 EL	Olivenöl
1 TL	Zucker
200 g	Karotten
1 kl.	Kartoffel
50 g	Knollensellerie
1/2	gehackte Zwiebel (mild)
500 ml	Gemüsesuppe oder Hühnersuppe
1 TL	rote Pfefferkörner
2 TL	Korianderkörner
1 EL	Zitronensaft und etwas Zitronenschale

Muskatnuss, gehackter Chili nach Geschmack

APHRODISIERENDE, ANREGENDE UND STÄRKENDE INGREDIENZIEN

KAROTTE ... SELLERIE ... KORIANDER ... MUSKATNUSS ... PFEFFER ... CHILI

Schweinslendchen mit 7-Korngemüse

Opulentes als köstlicher Höhepunkt

Korngemüse

Butter und mediterranes Olivenöl in einem Kochtopf erhitzen, feste Körner und die gehackte, schwitzende Zwiebel darin glasig andünsten. Aromatische Safranfäden einstreuen und alles aufkochen lassen. Temperatur reduzieren und zugedeckt 20 Minuten schonend dämpfen. Die letzten 5 Minuten die Gemüsewürfelchen beigeben und bissfest fertigkochen.

Kruste

Fein geriebene Schwarzbrotbrösel in einem Schüsselchen mit den übrigen Zutaten zu einer geschmeidigen Masse verbinden.

Lendchen

Backrohr auf 180° C vorheizen.
Zartes Lendenstück teilen, einsalzen, pfeffern und mit scharfem Senf sanft einreiben. In einer Pfanne beide Fette erhitzen, Fleischstücke rundherum schonend anbraten. An der Oberseite die Krustenmasse auftragen und mit Gefühl andrücken. Ins heiße Backrohr stellen und bei Oberhitze noch 10 Minuten haselnussbraun überbacken. Das Fleisch sollte innen zartrosa und saftig sein.

Sauce

Sauerrahm glatt abrühren und mit Salz und dem gehackten Selleriegrün aromatisieren.

Fürs Gemüse einen Ring von ca. 8 cm Durchmesser auf den Teller setzen und außen rundherum Dekorgemüse legen. Die Mitte mit dem 7-Korngemüse auffüllen, festdrücken und den Ring sanft hochziehen. Die saftigen Lendenstücke einmal auseinanderschneiden und beigeben. Die Sauce in einen Löffel füllen und mit Staudenselleriegrün garnieren.

Für zwei Gourmets
Zeit bis zur Vollendung: 40 Min.

Lendchen

1 EL	Olivenöl und Butter
300 g	Schweinsfilet

Salz, scharfer Senf,
bunter Pfeffer frisch gemahlen

Kruste

50 g	Schwarzbrotbrösel
20 g	Frischkäse (Gervais)
1	Ei
1 EL	Kräuter
1 EL	geriebener Parmesan

Salz, Pfeffer

Sauce

2 EL	Sauerrahm
1 EL	Staudenselleriegrün

Salz

Korngemüse

1 TL	Butter
1 EL	Olivenöl
1 EL	gewürfelte weiße Zwiebel
100 g	7-Kornmischung
300 ml	klare Gemüsesuppe oder Wasser
100 g	gewürfelte Staudensellerie
100 g	gewürfelter gelber Paprika
5	Safranfäden

Salz nach Bedarf, bunter Pfeffer frisch gemahlen

Dekor

Staudenselleriegrün und Gemüsewürfel

APHRODISIERENDE, ANREGENDE UND STÄRKENDE INGREDIENZIEN

SENF ... PFEFFER ... EI ... KRÄUTER ... STAUDENSELLERIE ... SAFRAN ... PAPRIKA ... WEIZEN

Er und Sie-Soufflé

Flaumige Verschmelzung

Soufflé

Zwei Souffléformen (es eignen sich auch Kaffeetassen) mit weicher Butter gewissenhaft auspinseln. Eine feuerfeste Schüssel halb mit heißem Wasser befüllen und das Backrohr auf 200° C vorheizen.
Frische Eier trennen, mit der einen Hälfte des Zuckers das Eigelb schaumig rühren, mit der anderen das Eiweiß. In die flaumige Dottermasse die halbweiche Butter, schwarzkörniges Vanillemark, aromatische Zesten und Limettensaft sowie den Topfen unterrühren. Nun die Eigelbmasse mit dem Eischnee gefühlvoll verbinden. Den Souffléteig halbieren, in den einen Teil 20 g Mehl einsieben und in den anderen 10 g Mehl und den Kakao. Beide Massen mit einem Esslöffel nebeneinander in die Formen füllen. Eine Gabel durch die Teige ziehen, so dass im Soufflé ein hübsches Muster entsteht. Beide Formen ins Wasserbad stellen und bei 200° C ca. 20 Minuten backen, in den nächsten 20 Minuten die Temperatur auf 170° C zurücknehmen.
Es empfiehlt sich hier die Holzstäbchenprobe, ob die Soufflés schon durchgebacken sind.

Kaffee-Schoko-Zimtsauce

Den Zucker mit dem Wasser aufkochen, frisch zerbrochene Zimtstange, Gewürznelken, duftende Kardamomkapsel und den Instantkaffee zufügen. 5 Minuten kochen und dann abseihen. Geschmolzene Schoko in den leicht abgekühlten Gewürzsud einrühren. Zum Schluss die Sahne unterrühren, bis die Sauce ansprechend glänzt.
Auf Desserttellern ein hübsches Schokosaucenmuster ziehen, mit etwas Marmelade und halbsteif geschlagener Sahne dekorieren. Die Soufflés mit einem Messer vom Rand lösen und auf die Teller stürzen. Mit Zitrusscheibchen vollenden.

Für zwei Kuschelbären
Zeit bis zur Vollendung: 50 Min.

Soufflé

2	Eier
10 g	Butter
130 g	magerer Kochtopfen
30 g	Mehl
1 EL	Kakao
1 TL	Limettensaft

Limetten- und Zitronenzesten
Mark einer Vanilleschote

Kaffee-Schoko-Zimtsauce

20 g	Kristallzucker
50 ml	Wasser
1 Stk.	Zimtschote
1	Kardamomkapsel
4	Gewürznelken
1 KL	Instantkaffee
60 g	Schokolade
2 EL	Schlagsahne

Dekor
etwas halbfeste Sahne, Marillenmarmelade, Orangen- und Limettenscheiben

APHRODISIERENDE, ANREGENDE UND STÄRKENDE INGREDIENZIEN

EIER ... KAKAO ... VANILLE ... ZIMT ... KAFFEE ... GEWÜRZNELKEN ... KARDAMOM ... LIMETTEN

Unvorbereitet zog uns
die liebesgestimmte Aura
in ihren Bann.
Augenblicklich, fast gequält,
krochen wir Stangen empor
und rutschten austernglatt wieder
auf die Erde zurück.

Mozzarellaspieße

Lukullische Toskanaromanze

Spieße

Die schneeweißen Mozzarellakugeln abwechselnd mit dem mit Frischkäse gefüllten Minigemüse, den entsteinten Oliven und bunten Minitomaten appetitlich auf die Spieße auffädeln.

Basilikumcreme

Frisch von den Stielen abgezupfte Basilikumblätter mit dem Olivenöl in einem Mörser zu einer sämigen Paste zerstampfen und salzen.

Knoblauchbrot

Die zimmerwarme Butter mit gehacktem Knoblauch verrühren. Das aromatische Olivenöl erhitzen, darin die mit Knoblauchbutter bestrichenen Weißbrotscheiben kross anbraten.

Die fürs Auge und die Sinne anregenden Spieße auf Tellern anrichten, mit der Basilikumcreme beträufeln. Dazu bieten Sie, als perfekte Begleitung, das lauwarme Knoblauchbrot an.

Für zwei in amore
Zeit bis zur Vollendung: 20 Min.

Spieße
1 Pkg. Mozzarellakugeln
4 Stk. Bambus- oder Holzspieße
4 Stk. fertig gefüllte Minipaprika oder Minizucchini
12 gelbe und rote Minitomaten
schwarze und grüne Oliven ohne Stein

Basilikumcreme
1 Bd. Basilikum
6 EL Olivenöl
Meersalz

Knoblauchbrot
1 EL Olivenöl
1 EL Butter
1 Knoblauchzehe
Baguette oder Ciabatta-Scheiben

Dekor
2 EL Kapern mit Stiel
gezupfte Kräuterblättchen

APHRODISIERENDE, ANREGENDE UND STÄRKENDE INGREDIENZIEN

OLIVENÖL ... MOZZARELLA ... PAPRIKA ... TOMATEN ... KAPERN ... OLIVEN ... BASILIKUM

Kurkumafisch mit gefüllten Artischocken

Exzellentes einfach zum Lieben

Artischocken

Die edlen Artischocken aus dem Wasser nehmen und gut abtropfen lassen. Den strohigen Blütenboden mit einem kleinen Löffel entfernen.
Für die **Fülle** alle Zutaten gut verrühren und in die Artischockenherzen füllen. Gefüllte Stücke in eine feuerfeste Form legen und mit Oberhitze oder Grillstufe 10 bis 15 Minuten überbacken.

Kurkumafisch

Fangfrische Fischfilets entgräten (mit einer Pinzette herausziehen), von der Haut befreien und in 4 cm breite Streifen teilen. Salzen, mit frisch gemahlenem Pfeffer und frisch-saftigem Limettensaft würzen.

Panier

Klares Eiweiß mit allen Zutaten abrühren. Die vorbereiteten Fischstreifen durch die Masse ziehen, etwas abtropfen lassen und im heißen Frittierfett schnell hellbraun backen. Die Fischstücke wirklich nur kurz backen, damit sie innen angenehm saftig bleiben.

Kartoffelspalten

Die vielseitigen Kartoffeln mit einer Gemüsebürste gut reinigen und in schmale Längsspalten schneiden. Mit Küchenpapier trockenwischen und im Frittierfett knusprig frittieren. Die fertig frittierten Kartoffelspalten mit Salz und den Aromaten bestreuen.

Den Kurkumafisch gemeinsam mit den kraftvoll gewürzten Kartoffelspalten, den Artischockenherzen und der süß-sauren Sauce anrichten. Im Finale mit Limettenspalten und Kräutern belegen.

Für zwei Genussverliebte
Zeit bis zur Vollendung: 40 Min.

Fisch
300 g Lachsforelle oder Pengasiusfilet
Limetten- oder Zitronensaft
Salz, frisch gemahlener Pfeffer

Panier
1 Eiweiß
2 EL Wasser
1 Prise Kurkuma- oder Currypulver
1 EL Reis- oder Kartoffelstärke
Salz
Frittierfett

Artischocken
1 Glas Artischockenherzen in Wasser

Fülle
1 kleine Tomate gewürfelt
1 EL Olivenöl
2 EL Brösel
4 EL Sahne
1 Eck Gervais
etwas Basilikum und Kren aus dem Glas
Salz, weißer Pfeffer

Kartoffelspalten
Frittierfett
2 große Kartoffeln mit einwandfreier Schale
Salz, Paprikapulver, Cayennepfeffer, Thymian
süß-saure Chilisauce

Dekor
Limettenspalten, Kräutersträußchen

APHRODISIERENDE, ANREGENDE UND STÄRKENDE INGREDIENZIEN

FISCH … KURKUMA … PFEFFER … ARTISCHOCKEN … TOMATE … CAYENNEPFEFFER … BASILIKUM … KREN … CHILISAUCE

Dreierlei Schokomousse

Trilogie zum Herzen-Schmelzen

Grundmasse

Einen Topf mit Wasser zum Dampfen bringen.
Die frischen Eidotter mit dem Zucker und dem belebenden Löskaffee in einer zum Topf passenden Schüssel über Wasserdampf mit Ausdauer extrem schaumig schlagen, bis die Masse warm ist. Danach in eiskaltem Wasser weiterrühren, bis die Masse wieder ausgekühlt ist.
Das Eiweiß und die Schlagsahne getrennt voneinander mit dem ausgekratzten Vanillemark steif schlagen und unter die Dottermasse ziehen.

Mousse

Die porösen Gelatineblätter in kaltes Wasser einlegen.
Verschiedene Schokoladen, getrennt in Schüsselchen, über Wasserdampf schmelzen. Die Temperatur sollte nur gering sein, ansonsten kristallisiert die Schokolade. Jeweils ein halbes Blatt Gelatine in der weißen und dunklen Schokolade schmelzen lassen.
Die Eiermasse in drei Teile teilen und in die geschmolzenen Schokoladen separat einrühren. Mit den Likören aromatisieren, wie im Rezept angegeben.
In zwei hohen Teegläsern abwechselnd die unterschiedlichen Mousses aufteilen, obenauf als Kontrast einen kleinen Klecks dunkles Mousse patzeln. Dekor reizvoll dazu verteilen.

Für zwei, die sich wollen
Zeit bis zur Vollendung: 30 Min.
Kühlzeit: mindestens 2 Stunden

Grundmasse

2	Eidotter
40 g	Zucker
1 TL	Löskaffee
1	Eiweiß
1/2	Vanilleschote (Mark)
100 ml	Schlagsahne

Edelbitter-Mousse

50 g	Edelbitterschokolade (70 %)
2 cl	Rum

Weißes Schoko-Mousse

50 g	weiße Schokolade
2 cl	Orangenlikör
1/2 Bl.	Gelatine

Milchschoko-Mousse

50 g	Milchschokolade
2 cl	Kaffeelikör
1/2 Bl.	Gelatine

Dekor
Physalis oder andere Früchte, Schokospäne, Kürbiskerncracker, Minzeblättchen

APHRODISIERENDE, ANREGENDE UND STÄRKENDE INGREDIENZIEN

EIER ... KAFFEE ... SCHOKOLADEN ... RUM ... KAFFEELIKÖR ... ORANGENLIKÖR ... KÜRBISKERNE

Nehmen und Geben macht
keinen Unterschied mehr.
Bedenkenlos und frei holen wir nach
atemlos lautem und leisem Flug
die samtig weichen Wolken
vom Himmel und reißen sie
sanft entzwei.

Anregendes Süppchen

Heiße Affäre zur Erregung

Frittierte Kartoffelscheiben

Die anregend violette Trüffelkartoffel schälen, in hauchdünne Scheibchen schneiden und zwischen Küchenpapier unter sanftem Druck trockenreiben. Wenig Frittierfett erhitzen, darin die Scheibchen knusprig ausbacken und auf Küchenpapier von überflüssigem Fett befreien.

Süppchen

Erdfrisches Wurzelgemüse waschen, schälen und gekonnt in Würfelchen schneiden. Rotbackigen halben Apfel schälen und entkernen, den hitzigen Pfefferoni auch entkernen und würfeln.

Die Suppe in Hitze bringen, das würfelige Gemüse und alle anregenden Gewürze mit dem Blattgrün kochen, bis das Gemüse butterweich ist. Gartengrüne Blattstängel, pfeffrige Macisblüte, süß duftende Zimtstange und den würzigen Sternanis aus der dufteten Suppe entfernen.

Als nächsten Schritt Zucker, gerissenen Kren und Crème fraîche beigeben. Als würdiges Finale die Suppe in einem Aufsatzmixer sämig fein pürieren und durch ein mittleres Sieb streichen.

Anregendes Süppchen verkosten und, wenn notwendig, noch mit Gefühl nachwürzen.

Für zwei Lebenshungrige
Zeit bis zur Vollendung: 30 Min.

Suppe

500 ml	Hühnersuppe
30 g	Selleriewürfel
1 kl.	Kartoffel
1 kl.	Pastinake
1 kl.	Petersilienwurzel
1/2	Apfel
1 kl.	milde Pfefferoni ohne Kerne
1 TL	bunte Pfefferkörner
1 Stk.	Sternanis
2 Stk.	Macisblüte (getrocknete Muskatblüte)
1/2	Zimtstange
1/2 TL	gemahlener Kümmel und Koriander

einige Stängel Petersilien-, Sellerie- und wenig Liebstöckelgrün

Zum Verfeinern

1 TL	Zucker
1 EL	Crème fraîche
1 EL	gerissener Kren (Meerrettich)

Dekor

1	Trüffelkartoffel

etwas Frittieröl, einige Tropfen Kürbiskernöl und einige Sellerieblättchen

APHRODISIERENDE, ANREGENDE UND STÄRKENDE INGREDIENZIEN

SELLERIE ... PETERSILIENWURZEL UND -GRÜN ... PFEFFERONI ... PFEFFERKÖRNER ... MACIS ... ZIMT ... KORIANDER ... KÜMMEL ... KREN ... LIEBSTÖCKELGRÜN

Koteletts in Liebeswürze

Feuriges zum Einheizen

Liebesgewürz

Alle belebend-erregenden Gewürze in einer elektrischen Mühle mittelfein mahlen oder im Mörser zerstoßen. Den würzigen Muskat auf einer Reibe fein reiben und der Mischung hinzufügen. In einem kleinen verschließbaren Döschen aufbewahren.

Kürbis-Kartoffelgratin

Feste Kartoffeln schälen und in Stifte schneiden. Den Kürbis schälen, Kerne entfernen und gleich wie die Kartoffeln zurechtschneiden. Strauchfrische Tomate entkernen, klein würfeln, mit dem Kürbis und den Kartoffeln vermengen, anschließend in eine feuerfeste Form schichten.
Das Ei mit der Milch, der Crème fraîche und den aufmunternden Aromaten verquirlen und über das geschichtete Gemüse gießen. Bei 180° C im Rohr ca. 30 bis 45 Minuten gratinieren.

Paprikasauce

Bunte Paprika entkernen und kleinwürfelig zuschneiden, die Suppe mit dem vollmundigen Wein erhitzen und darin Paprikawürfel, Lauch und Selleriestücke mit den Gewürzen weichkochen. Alles in einem Aufsatzmixer pürieren, Crème fraîche beigeben, dann durch ein feines Sieb streichen und fein abschmecken.

Koteletts

Die Koteletts am Rand alle 2 cm leicht einschneiden, damit sie sich beim Braten nicht wölben. Mit Salz und wenig Dijonsenf sanft einreiben. Dann kräftig mit der Liebesgewürz-Mischung bestreuen. Olivenöl in einer Pfanne erhitzen, darin die Koteletts bei mäßiger Hitze beidseitig braun braten. Nicht zu lange, denn dann wird das Fleisch zäh. Es sollte gerade einmal durch sein.

Appetitliches Gratin in Stücke schneiden und mit dem Kotelett und der Paprikasauce servieren.
Als kulinarisch anregende Dekoration legen Sie Minitomaten und essbare Blüten dazu.

Für zwei Heißläufer
Zeit bis zur Vollendung: 1 Stunde

Liebesgewürz-Mischung

2 TL	weißer Pfeffer
1/2 TL	Korianderkörner
1/2 TL	Gewürznelken
1/2 TL	Fenchelsamen
1/2 TL	Wacholderbeeren
1/2 TL	Muskatnuss gemahlen

Koteletts

2 TL	Olivenöl
2	Schweinskoteletts

Salz, Dijonsenf

Paprikasauce

200 ml	Suppe
2 EL	Muskatellerwein
1 EL	gehackter Lauch
1	gelber und roter Gemüsepaprika
70 g	Sellerieknollenwürfel
1 TL	Crème fraîche
1 Prise	Zimt und Anis

Salz, weißer Pfeffer

Kürbis-Kartoffelgratin

4	Kartoffeln
150 g	Kürbis
1	Tomate
1	Ei
200 ml	Milch
1 EL	Crème fraîche

Salz, Pfeffer, Thymian, Muskatnuss

APHRODISIERENDE, ANREGENDE UND STÄRKENDE INGREDIENZIEN

PFEFFER ... KORIANDERKÖRNER ... MUSKATNUSS ... WACHOLDERBEEREN ... GEWÜRZNELKEN ... WEIN ... DIJONSENF ... PAPRIKA ... SELLERIE ... ZIMT ... ANIS ... KÜRBIS

Rotweinbirne mit Walnusseis

Kalt-Warmes zum Auftauen

Rotweinbirnen

Den rubinroten Wein mit den dufteten Gewürzen aufkochen, die halbierten, geschälten und vom Kernhaus befreiten Birnen (runde Form, am besten mit einem Löffel oder Parisiennelöffel ausstechen) darin weichdünsten. Im parfümierten Sud auskühlen lassen und einen Tag darin belassen, damit die Birnen wirklich gut durchziehen.

Rotweingelee

Gefärbte Birnen aus dem Sud nehmen und die Flüssigkeit durch ein Sieb abseihen.
In einigen Esslöffeln kaltem Sud die Maisstärke einrühren, Rest nochmals aufkochen und die Stärke zugeben. Auf kleinster Flamme unter ständigem Rühren dick einkochen lassen. Dann in beliebig kleine Gläser abfüllen und zum Stocken in den Kühlschrank stellen.

Kürbiskernkrokant

Den Zucker hell karamellisieren und die begehrten Kürbiskerne einrühren. Topf von der Platte ziehen und die gefährlich heiße Masse auf ein Backpapier gießen und erstarren lassen. Nach dem Auskühlen in gefällige Stücke brechen.

Je zwei beschwipste Birnenhälften auf Dessertteller legen, die Aushöhlungen mit Eiskugeln auffüllen. Wabbeligen Rotweinpudding aus den Gläsern stürzen und dazu platzieren. Mit Schokospänen und Minze dekorieren.

Für zwei Schmelzende
Zeit bis zur Vollendung: 20 Min.
Birnen-Marinierzeit: 1 Tag

Rotweinbirnen

2	reife Birnen (z. B. Williams)
250 ml	guter Rotwein
40 g	Rohzucker
1 Pkg.	Vanillezucker
1 Stk.	Sternanis und Zimtstange
3	Gewürznelken

Kürbiskernkrokant

2 EL	Zucker
2 EL	ganze Kürbiskerne

Rotweinpudding

10 g	Maisstärke

Kochsud von den Birnen

Dekor

4 Kugeln	Walnusseis

Schokoraspeln, Minzeblätter und -blüten

APHRODISIERENDE, ANREGENDE UND STÄRKENDE INGREDIENZIEN

ROTWEIN ... VANILLE ... ZIMTSCHOTE ... STERNANIS ... GEWÜRZNELKEN ... KÜRBISKERNE ... SCHOKORASPELN

Der herrlich beschwingte Tanz ist
sinnliche Nahrung für unsere Seelen.
Die imaginäre Kraft der
erotisierenden Melodie füllt
den Raum, verzaubert uns
und berührt fast schmerzhaft
unsere empfindsamen Herzen.

Bärlauchsoufflé auf Ricottacreme

Romantisches von der Wiese

Soufflé

Zwei kleine feuerfeste Förmchen mit flüssiger Butter auspinseln. Eine große Form zu zwei Drittel mit heißem Wasser befüllen und bei 170° C ins Backrohr stellen.
Den sorgfältig verlesenen und gewaschenen Bärlauch gut abgetropften lassen und fein hacken. Im heißen, goldgelben Olivenöl kurz anschwitzen lassen. Zitronensaft und etwas Salz beifügen, die Masse auskühlen lassen.
Die Eier trennen und das Eigelb in den cremig weichen Ricotta einrühren. Das Eiweiß aufschlagen und sacht unter die Masse ziehen. Ricottamasse mit den bekannten Gewürzen fein abschmecken, dann teilen.
Zum ersten Teil die Brösel und zum zweiten den stärkenden Bärlauch geben.
In die Formen die Brösel- und dann die Bärlauchmasse einfüllen. Die Masse gleichmäßig durch Rütteln verteilen, damit eventuell eingeschlossene Luftbläss-chen entweichen.
Sorgsam befüllte Förmchen ins Wasserbad stellen und ca. 35 Minuten bei 170° C hellbraun backen.

Creme

Süßlichen, saftigen Ricotta mit dem Naturjoghurt verrühren, nektargetränkten Honig und einen Hauch Balsamico beigeben, mit Salz und kräftig mit weißem Pfeffer aus der Mühle würzen.

Tipp: Anstelle von Bärlauch lassen sich Spinat oder Brennnesselblätter verwenden. Zusätzlich sollten Sie dann aber mit etwas Knoblauch würzen.

Für zwei Frühlingshafte
Zeit bis zur Vollendung: 45 Min.

Soufflé

1 EL	Olivenöl
100 g	frischer Bärlauch
1 TL	Zitronensaft
80 g	Ricotta
2	Eier
20 g	Weißbrotbrösel
1 Prise	Zimt

Salz, weißer Pfeffer, Muskatnuss frisch gerieben

Creme

1 EL	Ricotta
2 EL	Naturjoghurt (1%)
1 KL	Honig
1 Spr.	Balsamico

Salz, weißer Pfeffer

Dekor

Frühlingsblüten von der Wiese (z. B. Gänseblümchen, Veilchen), Honig und Kräuter

APHRODISIERENDE, ANREGENDE UND STÄRKENDE INGREDIENZIEN

BÄRLAUCH ... ZIMT ... RICOTTA ... MUSKATNUSS ... HONIG ... PFEFFER ... BALSAMICO

Schafkoteletts mit Traviso-Radicchio

Deliziöses zum Vergnügen

Honigkartoffeln

Kartoffeln schälen, in 1 cm breite Scheiben schneiden (geht am besten mit einer Brotschneidemaschine) und beliebige Formen (Herzen) ausstechen. Olivenöl in einer Pfanne erhitzen, rohe Kartoffelformen einlegen und bei niedriger Temperatur rechts und links hellbraun braten, bis sie weich sind. Dann den Honig einfließen lassen und durchschwenken. Kurz vor dem Servieren leicht salzen und grob gehackte, wärmende Rosmarinnadeln darüberstreuen.

Radicchio

Länglichen, kräftig roten Radicchio in ganzen Blättern zerzupfen, waschen und zu sechs Paketen zusammenfassen. Jedes mit einem Blatt Rohschinken straff umwickeln, mit einem Messer ein Loch vorstechen und einen kleinen Rosmarinzweig zum Befestigen einstecken. Wenig Olivenöl erhitzen, die raffiniert einfachen Radicchiopakete von jeder Seite kurz anbraten. Zum Schluss mit Balsamessig ablöschen, mit einer Prise Salz verfeinern und warmhalten.

Koteletts

Die Knochen der Koteletts mit einem Messer sorgfältig von Häuten und Fleisch- und Fettresten befreien. Aparte Koteletts salzen und kräftig mit frisch gemahlenem Pfeffer würzen.
Olivenöl in der Pfanne erhitzen und von beiden Seiten kurz braten. Das dauert nur einige Minuten. Gebrutzelte Koteletts in Haushaltsfolie einwickeln und warmhalten.

Sauce

Den Bratenrückstand mit Suppe und Sahne ablöschen, sämig einkochen und herzhaft würzen. Radicchio gemeinsam mit den herzigen Kartoffeln und den Koteletts auf vorgewärmte Teller legen. Reizvoll und sinnlich lieblich machen diese Speisenkreation noch Rosmarinblüten als Dekor.

Tipp: Als Ersatz für Radicchio bieten sich Forellenschluss-Salat oder Salatherzen an.

APHRODISIERENDE, ANREGENDE UND STÄRKENDE INGREDIENZIEN

LAMMFLEISCH ... PFEFFER ... ROSMARIN ... HONIG ... WEIN ... THYMIAN

Für zwei verspielte Lämmchen
Zeit bis zur Vollendung: 30 Min.

Koteletts

6 Stk.	Schafkoteletts mit Knochen
3 EL	Olivenöl

Salz, bunter Pfeffer

Honigkartoffeln

3	große Kartoffeln
1 TL	Honig

Olivenöl, Salz, einige gehackte Rosmarinnadeln

Radicchio

1 Stk.	langer Radicchio (Traviso)
1 EL	Balsamico
6 Bl.	luftgetrockneter Schinkenspeck
6	Rosmarinstiele

Olivenöl

Sauce

4 EL	Sahne
4 EL	Weißwein
4 EL	Suppe

Salz, Pfeffer, Thymian

Dekor

bunter Pfeffer

Erdbeeren an Balsamico-Marinade

Süßsaures Date der Extraklasse

Für zwei Früchteküsser
Zeit bis zur Vollendung: 15 Min.

Früchte

400 g	vollreife Erdbeeren

Balsamico-Marinade

40 g	Kristallzucker
40 ml	Wasser
1 EL	Orangensaft
50 ml	alter Balsamessig
1 Pkg.	Vanillezucker

Karamell

50 g	Kristallzucker

Dekor

1/8 l	Schlagsahne
4	Karamellerdbeeren

etwas Zimt und Vanillezucker, eventuell Karamellzuckerfäden

Balsamico-Marinade

Den rieseligen Kristallzucker mit dem Wasser und dem erfrischenden Orangensaft aufkochen lassen, bis sich der Zucker auflöst. Den dunklen Balsamessig und den aromatischen Vanillezucker hinzufügen. Die süße Flüssigkeit auf die Hälfte – sirupartig – einkochen lassen.

Karamell

Den Zucker in einem Pfännchen hellbraun schmelzen, vier ausgesuchte Erdbeeren vorbereiten. Jede auf einem Zahnstocher oder Spieß aufspießen und die halbe Frucht durch den heißen Karamell ziehen und trocknen lassen. Vorsicht, das Karamell sollten Sie nicht auf die Finger bekommen!
Für die Garnierung mithilfe einer Gabel geschickt Karamellfäden aus der Masse ziehen.
Den Rest vom Karamell in die Balsammarinade geben und mit einkochen lassen.

Erdbeeren

Tiefrote, glänzende Erdbeeren vorsichtig waschen und auf Küchenpapier zum Abtropfen legen. Nun jede einzelne fächrig aufschneiden und auf zwei Glasteller verteilen. Den zähflüssigen Balsamico-Sirup darüberträufeln und die Karamellerdbeeren als besonderen Glanzpunkt beigeben.
Süßliche Schlagsahne steif schlagen und mit sinnlichem Zimt und Vanillezucker aromatisieren. Mit kleinen Löffeln schöne Nockerln formen und dazugeben.

APHRODISIERENDE, ANREGENDE UND STÄRKENDE INGREDIENZIEN

BALSAMICO ... ZIMT ... VANILLE ... ERDBEEREN

Komm, meine Liebe!
Ich koche heute für dich.
Ich zeig dir,
wie köstlich das Leben
sein kann.

Inhaltsverzeichnis

Rezept-Register

Vorspeisen und kleine Häppchen

Hauptgerichte

Desserts

Gewürze und Früchte

Rezepte zu den Gewürzen und Früchten

Abkürzungen

EL	Esslöffel	cl	Zentiliter	ml	Milliliter
KL	Kaffeelöffel	cm	Zentimeter	Msp.	Messerspitze
TL	Teelöffel	g	Gramm	Pkg.	Packung
B.	Becher	kg	Kilogramm	Prise	eine Prise (Maß zwischen drei Fingern)
Bd.	Bund	kl.	klein	Spr.	Spritzer
Bl.	Blatt	l	Liter	Stk.	Stück

Weiters erschienen

Kochen mit Steirischen Kürbiskernen
und Kürbiskernöl
ISBN: 978-3-9500888-0-6
Fachinformation über den Steirischen Ölkürbis
und dessen Produkte
64 bunt illustrierte Kochrezepte
Erhältlich im Buchhandel und bei der Autorin

Lust auf Kürbis
ISBN: 978-3-9500888-1-4
Unzählige Sortenbeschreibungen und
Kultivierungstipps
84 phantasievolle Rezepte
205 Farbabbildungen
Erhältlich im Buchhandel und bei der Autorin

Das Rezept
ISBN: 978-3-9500888-2-3
Ein traditionelles Kochbuch und mehr
Umfangreiche Produktkunde
Ausführlicher Fachteil über Öle und Teige
Über 250 Rezepte, mehr als 1000 Bilder
392 Seiten
Erhältlich im Buchhandel und bei der Autorin

Literatur

Norman, Jill: Kräuter & Gewürze. Herkunft, Geschmack, Verwendung, Dorling Kindersley Verlag GmbH, Starnberg 2002.

Rätsch, Christian: Pflanzen der Liebe. Aphrodisiaka in Mythos, Geschichte und Gegenwart. Mit Rezepten und praktischen Anwendungen, 5. Auflage, AT Verlag, Aarau 2001.

Rätsch, Christian/Müller-Ebeling, Claudia: Lexikon der Liebesmittel. Pflanzliche, mineralische, tierische und synthetische Aphrodisiaka, AT Verlag, Aarau 2003.

Erika Seidl, geboren 1959 in Graz, schrieb bisher drei Kochbücher, die vor allem durch die leicht nachzukochenden Rezepte, den jeweils umfangreichen Sachteil und die zauberhaften Farbfotos bestechen. Als „Kräuter- und Gartenhexe“ hat sie jahrelange Erfahrung mit Lebensmitteln gesammelt. Ihre Kochkunst beschreibt sie als „saisonale, kreative Genussküche im Einklang mit der Natur“. Durch die 2006 in Graz abgeschlossene Fotoakademie unter Hermann Herzele hat sie sich vor allem im Bereich der Food-Fotografie weiterentwickelt – ein entscheidender Schritt, um die Buchidee „Vergnügen in der Küche“ zu realisieren.

Ein sinnliches Essen ist

…der Wunsch nach Wieder
Nacht das hält, was beim Ess
der Bekochte wohlfühlt. …
Gesichtsausdruck nach Hau
und dadurch unternehmung
dabei geil wird. …wir glückl
…man sich nachher im Be
gewaschen wird. …der A
einem Frühstück endet. …